JN302933

「西遊記」に見る天道〈1〉

極《ごく》楽《らく》道《どう》を取るか
地《じ》獄《ごく》途《みち》を取るか

高山京三
Keizo Takayama

たま出版

序文

「西遊記」の物語は活劇的に、また京劇的に面白く描かれていて、人々の興味をそそぐ、中国四大奇書の一つとして現在にその名を輝かせています。それはそれで人々を楽しませ夢をふくらませていて、人々の癒しとなっているわけですから、素晴らしいことですが、しかし実は原作者の語りたいまことの本音は、不老不死への**極楽道**《ごくらくどう》をとるか！　それともまた生死を常に繰り返す**地獄途**《じごくみち》をとるか！　にあるように思えます。

その大切な心裡《しんり》の部分は、時代の流れとともに破棄されたり、また省《はぶ》かれたりしてしまって、今では民間の中で根付いた説話に書き換えられてしまい、原作者の思いもその目的も次第に薄れてしまっています。それは経を求めて天竺《てんじく》に旅する三蔵法師・玄奘《げんじょう》の旅物語として、玄奘の伝説や説話をおもしろおかしく語るところに比重が置かれたからでしょう。

「西遊記」は明代中期《めいだいちゅうき》、十六世紀後半期の作品でありますが、極楽への『道』を開く道法の『正法《しょうほう》（得道《とくどう》）』は、当時は単伝《たんでん》で秘密儀《ひみつぎ》、つまり一人から一人に伝える絶対秘密の法で、「教外別伝《きょうげべつでん》」であったことから、世に決して顕《あきら》かにすることが許されないものでした。

しかし世に明らかにしたいという焦りの中で、『道』の真諦《しんたい》をいかにして悟らせるか、それが原作者の真のねらいではなかったでしょうか。

その真のねらいとは、

【九界《クカイ》】『仏』十界のうち仏界以外の世界。仏界は悟りの世界で、九界は迷いの世界。

つまり不老不死の仏界・天堂の『理天《りてん》』極楽への誘《いざな》いにあるのですが、宗教界ではそこのところを曖昧模糊《あいまいもこ》にしており、人間は九界の迷いの世界、つまり地獄途にいて、そして果てしなくいつまでも四生六道輪廻を繰り返しては、転生つまり人間に生まれ変わっていることを決して語ろうとはせず、ただ神佛を信じて善を為していれば極楽浄土が果たせるかのように教義しています。

「西遊記」ではその極楽浄土への聖人の心裡が語られています。

唐《とう》の太宗《たいそう》時代《じだい》の高僧玄奘《こうそうげんじょう》のインドへの旅が伝説化し、それが説話化されたものが「西遊記」という物語になっています。しかし、その内実は玄奘の事蹟《じせき》を、その高弟辯機《べんき》が師の口述に基《もと》づいて書いた「大唐《だいとう》西遊記」、また同じく玄奘の弟子である慧立《えりゅう》と彦悰《げんそう》の書いた「大唐大慈恩寺三蔵法師伝」やその他の玄奘伝に詳《くわ》しい書き物が「西遊記」という小説に反映しているというところから見れば、裏を返すと「**小説に名を借りた経典**」と見ることができます。

従い「西遊記」は聖人の教えと人間世界の逸話が入り交じっての物語であるといえます。

ですから、そのような事情があっての「西遊記」だと知れば、文中、聖人の教えが語られていると思われる箇所は、極楽往生を求める私たち人間にとっては決して見逃すことのできない重要なところですから、話の部分が難解でも、それをよく読み返して理解することが大切です。

特に陰陽の易でもって天道が説かれているところは、天の秘密を探るには易をおいて、ほかに『道』がないからです。易の道筋を知って「西遊記」を読むと、聖人が艱難辛苦の行をして学んだ天の秘密が見えてきます。

聖人が謂うに、最初人間世界に降《くだ》った時の天性《たましい》は純真《じゅんしん》で、本来の本分を忘れず、世に生きて死に、そして仏界・天堂に帰りましたが、今の人間は、どの「**途**」から来て、そして死んでどの「**途**」へ帰っていくのかという、その実体を全然知っていないと謂われます。

それは人生途上・三途の川・冥途という地獄から生まれきて、そして死んで地獄へと帰っていくのですが、その死者に対して**冥福を祈る**ということは地獄で幸せにということです。それに冥福の**福**とは、運がいいということで、冥とは地獄のことですから、地獄で幸せに、運よく暮らしてくださいということになります。

そのようなことからみると、人が生まれてくる母親の陰部《いんぶ》の「**陰**」の字の意味は、↓のところを見てみると、**めいど**、**地獄**、**陰府**と記されています。

それに**陰**は**陰月**といって月を意味しますから、身体の各部分の名称には**月ヘン**あるいは**月**の字が入っている漢字でもって示されています。

例えば心臓、肝臓、脾臓、膵臓、胃、骨、肌といったふうに、それは身体の大部分は地獄からの産物ですよ！　といわれているようです。

また月の字が付随していない部分は心の働きがなされている部分といわれ、例えば眼（目）・耳・鼻・舌（口）・手・足などがあります。

8

【陰】 陰は俗字 ①イン・オン ㊀易学上の二元気の一、↓陽の対、--で表わし、地・月・夜・女・柔・静・やみ・内・無形など消極的なもの ㊁北、山の北 ㊂南、川の南 ㊃カゲ ㋑物のかげで、光線があたらない部分。陰影「―地」㋺見えない部分 ㋩うしろ。裏。背後 ㊁恩恵 ㊄月 ㊅夜 ㊆ヒソかに。そっと。内密に ㊇クモる ㊈クモり ㊉男女の生殖器「―茎」 (十一)男女の交情 (十二)めいど。地獄。陰府 (十三)浅黒い色 ②アン (十四)諒闇《リョウアン》の闇

三省堂・明解漢和辞典より

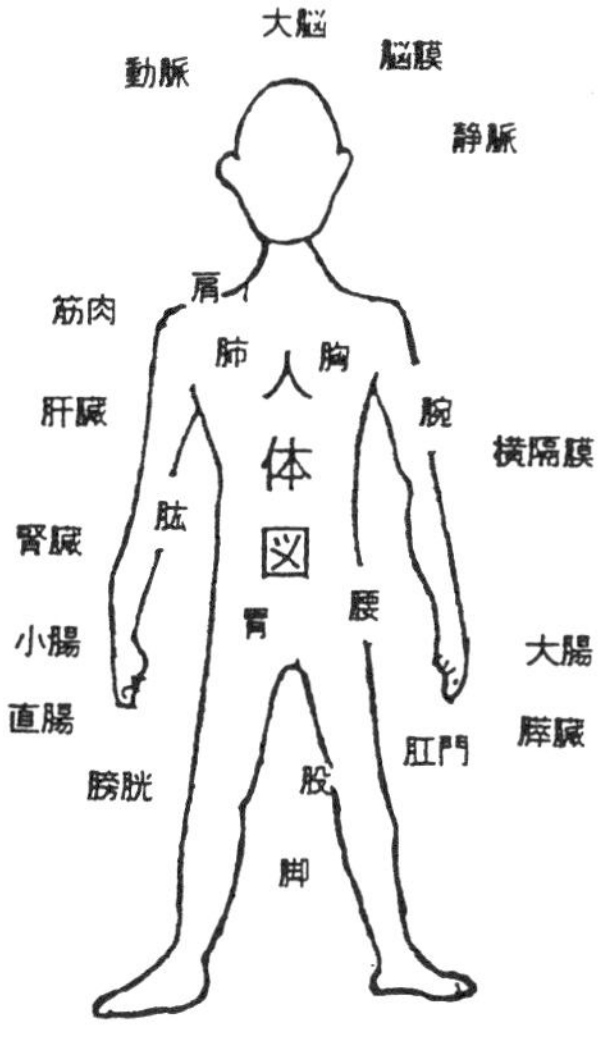

つまり、人間の身体は陰すなわち地獄の部分と陽すなわち心の部分の合体にあるということになります。このように一つ一つを明らかにして人間の性命とともに生死の謎を探っていくことが天の『道』、すなわち天道を学ぶということになります。

その天の『道』はこの世の森羅万象万物の細細部までも及んでおりますが、ことに人間に対しては地獄途の「**途**」と極楽道の「**道**」の二者選択を余儀なくさせています。

俗世間では「九死に一生を得る（命拾いをする。危機を脱するたとえ）」という言葉が

ありますが、実はこれは人間に生まれるにはそれ相応の功徳が必要とされ、功徳が足りず罪業が多いと、動物類に、鳥類に、魚類に、虫類といった四生《ししょう》に九回（幾度も、何度も）転生を余儀なくされるという意味です。そして、その生まれ変わりの中で生死を繰り返した後、人間としてその「一生を得る」わけですが、この世は「いきる」という自然の世界である限り、生命を養うためには物を食べなくてはなりません。従い、人間も、動物も、鳥も、魚も、虫も、皆弱肉強食つまり弱いものは強いものに食べられるという例に習い、生きていかなくてはならないのです。

その点、人間には智慧があり、他のものに比べて要領よく食べる側で生き永らえることができますが、人間も四生も皆天地自然の恵みの中に共栄共存すべきものでありますから、一方が有利で一方が不利では、これは不公平です。そこで天はそこに天律を定められて、霊性《たましい》のある生き物はすべて生まれ変わることによって他のものを生かす、つまり食べて食べられて、そして自然界に生命を維持していくという過酷な使命をかせています。

そのように大千世界は九界といわれ、生死を繰り返す霊界ですが、仏界は『一』の世界で不老不死の悟りの世界、九界は迷いの世界でもって「九死一生」といわれます。

このことは天地自然の因果律つまり天の規律で、た易《やす》く変えられものではありませんから、読者諸賢はそれをいち早く悟って、一生に一度だけの『正法』を授かれば、輪廻転生を繰り返す**地獄途**から解脱して、人間理想の境地へ到達する**極楽道**に切り替えることがかないます。またそれは人間であれば誰でも授かることができるということが、「西遊記」の話の中に、聖人の教えとして顕《あきら》かに説かれていますから、僅《わず》かに遺《のこ》された『道』の資料となる部分を「西遊記」の文中から選び出して、そして七世紀の三蔵法師・玄奘の仏教《ぶっきょう》経典《きょうてん》収得《しゅうとく》の旅を天道研鑽《けんさん》の資料として、天の『道』を明らかにしていきたいと思います。

かく言う私は、人のこれまでの罪過を清算させる法、『正法《しょうほう》（得道《とくどう》）』でもって、四生六道輪廻を余儀なくさせている業（カルマ）から因縁解脱させて、そして仏界・天堂の『理天』極楽へ救霊する任を負う身でありますから、生き物は一切食せず、またニンニク、ニラ、玉ねぎ、ネギ、アサツキといった**五葷**《ごくん》といわれる類を遠ざけ、酒、タバコも禁じて精進潔斉《しょうじんけっさい》と六根清浄《ろっこんしょうじょう》に努めています。

◎なお文中において仏界、天堂、極楽浄土、涅槃、仏土、『理天《りてん》』極楽などといった名称を使用していますが、これはその教えによって異なるだけで、みな同じ極致を示しています。

◎また「西遊記」文中の『道法』については、解釈上、心法《しんぽう》、一貫道《いっかんどう》、正法《しょうほう》、得道《とくどう》などの名称を使用しますが、これは道統の時代の流れの中において、名称が変えられたことによるもので、道法の効果はみな同じで、内容的には違いがありません。

テキストは岩波文庫の「西遊記」全十巻（呉承恩作、第三巻までの翻訳者は小野忍、第四巻から第十巻までの翻訳者は中野美代子）。原作はありませんので翻訳文でもって研さんします。

著者　高山京三

目次

序文……1

霊根降世と終極の救霊……13

天地創造の会元（世界化成） 20
道の始まり 26
花果山という名山 35
大三千世界を運行する原動の源『八卦』 44
八卦（八八）と掛け算（九九） 48
漢字の根源 56
天道の真髄を語る『易』 59

胎内に仙胞を宿す石　68
それが風を受けて　72
天地の精華とその世界　76

三陽交替《さんようこうたい》して群生《ぐんじょう》を産《う》み……83

内、不識を観ずるは無相に因り　100
外《げ》明知《めいち》に合《がっ》すれば有形《ゆうけい》となる　104
王を称し聖を称し縦横に任す　109
閻魔大王《えんまだいおう》が陰《かげ》でこっそり指図《さしず》する　112
人間としての首途《かどで》と門出《かどで》　118
逍遥自在《しょうようじざい》　128

妙理《みょうり》を探《さぐ》る

妙理《みょうり》を探《さぐ》る……145
空言を弄《ろう》して 207
道法の伝授『正法（得道）』 219
三つの災いとは 239
法術について 254
一同との別れ 260
あとがき……264

・本文イラスト／佐藤光子
・出典／『漢和中辞典』（旺文社）

霊根降世と終極の救霊

◎テキスト・岩波文庫「西遊記」第一巻第一

霊根《れいこん》を育《そだ》てて源流出《げんりゅうい》で
心性《しんしょう》を修持《しゅうじ》して大道生《だいどうしょう》ず

天の『道』、天道を語るには須《すべから》く道の根源が明らかにされていなければなりません。
なぜなら道の字の首《くび》は「はじめ」と読み、事と物の「始まり」つまり、その最初を示しているからです。

（首0

【首】 教 首 呉シュ 漢シュウ（シウ） 一 有 shǒu くび ｜ 二 宥 shòu こうべ

解字 象形。 顔の目の上に毛髪のある形で、「くび・あたま」、ひいて「はじめ」の意を表す。

意味 一 ①**くび**。**こうべ**（かうべ）(ア)あたま（頭）。頭部。「首級」②**おさ**（をさ）（長）(ア)かしら。統率者。「党首」(イ)きみ（君）。かみ（上）。「元首」③**はじめ**。(ア)はじまり。最初。↔尾。「首尾」(イ)さき。先頭。「巻首」(ウ)かしらの。最上位。「首席」④最初に。初めて。⑤はじめる（始）⑥もとづく。よりどころとする。⑦かなめ（要）。要領。重要な点。

従い、『道』には出発点という原点があって始まった、そしてその『道』が時間空間の中を無限に走り続けたとしても、戻るべき時期が廻《めぐ》れば元の住処《すみか》、つまり不老不死の仏界・『理天』極楽に戻ることができるのが、道に秘められたところの神通《じんずう》でもあるわけです。

しかし世の中には数多くの宗教や教えがありますが、『道』のその根源から語り継がれている宗教や教えはありません。

すべてが開祖、教祖《きょうそ》といった方々の宗教哲学《てつがく》から教えは始まっていて人生哲学的です。

「**霊根**」の親神**老中**《ラウム》（南無阿弥陀佛《あみだぶつ》の法号）の訓文（家郷信書《かきょうしんしょ》）には、

『想《おも》うに、東土《とうど》に、当初《はじめ》は男《なん》も少《な》く女《じょ》も無《な》く、児等《こら》は**老中**に随《したが》いて来たり、**老中**に随いて去り。**中**《ラウム》身を離るることなし』と、

また『**老中**様は那《な》の時節《とき》に、無奈何《やむをえず》、無　奈　処《いかんともしがたきところ》に才《はじめ》、男女《なんにょ》の校生《こら》を捨了《おろす》。千たび附《こと》属《づけ》、万たび商量《あいはか》るも、東林《とうりん》に下らず、故《ゆえ》に計策《はかりごと》を定《さだ》め、才《はじめ》て、我児原童《わがこもとのこら》を世に撤下《くだ》す』

とあります。

この個所《かしょ》は「西遊記」第一回本文の「**霊根**《れいこん》**を育朶**《そだ》**て**」にあたります。

〔訳〕

児等《こら》は不老不死の仏界・理天極楽に居て、常に老中《ラウム》とともに暮らし、そして遊び、決して老中から離れることがありませんでした。

老中は子どもたちとの別れの時期が一刻一刻と近づいていることを承知しながらも、別れ難い心をどうすることもできずに、仕方なくずるずると別れの時を引き延ばしていました。

しかし天地創造して、地上自然界の中に万物を判別し終えたことから「才《はじめて》、男女《なんにょ》」の子どもたちを地上に降ろさなければならない最終の時が差し迫ってきたのです。

老中は常々時期がくれば地上に降り立って、平和な人間世界を営み、老中の子としての霊根を養うようにと再三再四話して聞かせていました。それも幾度も幾度も、何度も何度も相談し、千万を超える程に話し合って言い聞かせましたが、子どもたちは東林《とうりん》（人間世界）に下っていこうとはしませんでした。

故に老中様はある計画、つまり、はかりごとを思いついて実行し、我が児童等《こどもら》（原子《げんし》霊《れい》・原《もと》の子《こ》）を人間世界の、この世に降ろしたのです。

以上の話のように理天極楽の「**源流**」からこの世に降ろされた原子霊《げんしれい》「**霊根**」は、本文冒頭の続き「**心性《しんしょう》を修持《しゅうじ》して大道生《だいどうしょう》ず**」で、さらに**老中**様は次のように訓文しています。

『東土《とうど》に人根《ひとのもと》を作《な》すを、**老中**は心中に記す。
児《こ》を捨《す》つるも、忍心耐意《よくしの》べ。
老中は校生《こら》を憐《あわ》れまず、苦養《やしな》わずと説《と》きて怨《うら》む莫《な》かれ。
東土裏《とうどに》、乾坤《けんこん》就《な》らざるが為に、無奈何《いかんともしがたく》、才《はじめて》、我は親しく生みし児童《こら》を捨《す》つ。
児《こら》は苦々的《いかにするも》、恋々《れんれん》として必《かなら》ずしも捨《はな》れずや。
凡間《よ》に下《くだ》りて、世界を治め、良き校生《こら》と為れ
只、三元《さんげん》の会《かい》に、乾坤《けんこん》の改変《かいへん》するを待ちて、
老中は紅塵《よ》に下り、去《ゆ》きて児童《こら》を渡《ど》すなり』

〔訳〕

人間が、未《いま》だ存在しない東土の人間世界に行って、初めての人間としての努めを立派に果たすことができると、**老中**は心から信じています。

地上に「**霊根**」を降ろすことは、子どもたちを捨てることになりますが、**老中**の心情

を察して、心して耐え忍んでほしいのです。

あなた方には**老中**は憐《あわ》れみがないとか、苦しいから養わないのだ、といって怨《うら》まないでくれることを望みます。

東土裏《とうどに》（裏とは西天に対する人間世界の意）に乾坤つまり男女が居ないので、人間としての働きが為されていませんでした。

ですから、天地始まって以来、初めて私の生んだ、いとしい児女《こ》たちを手放すことになったのです。決して捨てたわけではありません。

これまで子どもたちには、東土に下るように再三再四諭《さと》したのですが、子どもたちは仏界・天堂から東土へ下る決心が付かず、なかなか思い切れないようなので、やむを得ず策《さく》を巡らせ、東土に追《お》いやることになったのです。

ですから凡《ぼん》の世に下って世を治め、そして模範《もはん》となる「**心性**《しんせい》」を養い、**老中**の子、「**霊根**」を修めてください。

そして「三元《さんげん》の会《かい》に乾坤《けんこん》の改変《かいへん》するを待ちて」つまり、経典に五十六億七千年経てば、弥勒古佛が下生して衆生を済度されるといわれる三元の会「三陽開泰《さんようかいたい》」を迎える白陽期《はくようき》が来ます。その時、天が乾坤（天地）を改変する「午未《ごび》の交替《こうたい》」を行いますから、それを待ちなさい。

老中は白陽期の始まる頃、この世が最も穢《けが》れている時期に、天堂からこの世に下って、吾《わ》が「**大道を生ず**」で、『道』を世に顕《あらわ》し、ふるさとに戻る道法『正法（得道）』をすすめて子どもたちを救霊《きゅうれい》します。

以上が「西遊記」第一回の冒頭の詩文ですが、「**霊根**」の親、**老中**様の訓文でもって解釈させていただきました。

天地創造の会元（世界化成）

～～「西遊記・第一巻」第一回本文に

まず詩を一首

混沌《こんとん》未《いま》だ分かれず天地乱れ
茫茫《ぼうぼう》渺渺《びょうびょう》として人の見る無し
盤古《ばんこ》鴻蒙《こうもう》を破りてより
開闢《あめつちひら》いて茲《ここ》より清濁《せいだく》辨《わか》る
群生《ぐんせい》（万物）を覆《おお》い載《の》せて（天は覆い、地は載せて）至仁《しじん》と仰《あお》がれ
万物を発《ひら》き明らかにして皆善《みなぜん》なるものと成す
造化会元《ぞうかかいげん》（世界化成）の功《わざ》を知らんと欲すれば
須《すべか》らく看《よ》むべし『西遊釈厄伝《さいゆうしゃくやくでん》（西遊記）』

と述べられています。

つまり「**混沌**」とは、天地の働きのその形象が現れる以前の状態を示すもので、そして「**分かれず天地乱れ**」ですから、すなわち、将《まさ》に現れんとして、未だその姿を満足に現せざる状態にあります。天の力が大いに伸びて、どこまでもその働きが発展していき、そうしていくら変化してもその変化の中に常に変わらない所の『道』が具《そな》わっているという最も貴い性質が既に、この「**混沌**」の中に存在しています。

そのような状態を「**茫茫《ぼうぼう》渺渺《びょうびょう》として**」と表現し、「**人の見る無し**」で、未だ生命の存在する状態ではありませんから、人の存在は認められないといわれています。

そして「**盤古《ばんこ》、鴻蒙《こうもう》を破りてより**」、途方《とほう》もない、千古万古《せんこばんこ》の時を経た盤古の昔は「**鴻蒙**」つまり気の漂《ただよ》いのみにして、もの何一つ存在しない状態でしたが「**破りてより**」、其の時運が終わって、そして天というものの力が現れて「**開闢《あめつちひら》いて茲《ここ》より清濁《せいだく》辨《わか》る**」つまり陰陽の二つ気が働き始めます。これを易では「一は二を生ずる」といわれ、その陰陽の二つの気がだんだん発達して、あらゆるものになっていく状態に入っていきます。

つまり「**開闢《あめつちひら》いて**」とは『一』という根源が天地陰陽を開いたという意味で、そして易は「二は三を生じ、三は万物を生ず」と続きますが、その根源の『一』つまり一點から生じた陰陽の気が万物を創造することになります。

ちなみに点という字は省略形で、本字の點という字は黑という字と占の二文字で構成されています。

（灬5）【点】㊖㊥（黑5）【點】テン 漢 diǎn ―

解字 形声。 黑と音符占《セン〈テン〉》（付着する意→沾《セン》）とで、小さな黒い「ぽち」、ひいて、しるしをつける、しらべる意。教育漢字は省略形による。

さらに黑の文字は、**里**と灬に分けられます。

そして**里**の字の土の部分を取り除くと**甲**つまり天地創造神・**中**の文字の上の一点がない象となりますが、**中**の文字は次の如く辞典に載っています。

（母0）【母】㊖㊥ 慣ボ 呉モ 漢ボウ 有 mǔ ― はは

解字 象形指事。 女（）に

中という字は人間世界における後天の母、**中**という字は象形文字にいわれるように、人間以前の先天極楽の**中**《はは》、つまり「**霊根**」の親である**南無阿弥陀佛**を示しています。南無阿弥陀佛は無量寿、無量光佛とも称され、「西遊記」著作の時代は明代中期、十六世紀後半期ですから、**中**様のご尊名は明らかにされていませんでしたが、西暦一八四三年に**中**様ご自身が文字でもって啓示する砂盤《さばん》（砂文字）に降りられて、その御尊名を掲示されました。

以後、天道では**中**または**老中**の文字でもって南無阿弥陀仏を尊崇いたしています。また瑤池金母《ようちきんぼ》、西天佛母《せいてんぶつぼ》、西天佛、明明上帝《みんみんさんてい》、無極、一、至尊《しそん》、大霊、祖神、親神、主神、純陽、天、無、妙、玄、中など**中**の、その身姿を象徴する言葉でもっても尊称しています。

以上のように天が万物を造った、天がすべてを生み出したと考えて、そのような天の気の働きを「**群生**《ぐんせい》（**万物**）**を覆**《おお》**い載**《の》**せて**（**天は覆い、地は載せて**）**至仁**《しじん》**と仰**《あお》**がれ**」と言われ、この天の働きを「**造化**《ぞうか》」またあるいは「造物《ぞうぶつ》」といわれます。要するに天がなければ何もない、天があってすべての物が存在する。そうしてこの天は永遠に存在してすべての物を護り、すべての物を治めるというように考えられます。

そうして亦《また》この天は人間の行いを監督《かんとく》して、人間が善《よ》いことをすればこれに福を与え、間違った行いをすればこれに禍《わざわい》を与えてその過ちを戒めるといわれます。

しかしそれはすべてのものを幸福にするために力を与えてくれるものであると考えなくてはなりません。

これが所謂《いわゆる》『天の徳』というもので、ただ天がすべてのものを生み出してそのまま捨てておくわけではなく、すべてのものをいつまでも護って、皆が幸福になるように、皆がその所に安ずるようにしてくれるのですから、天の徳は実に広大無辺なものであると考えなくてはなりません。

天が万物を造った、天がすべてを生み出したと考えれば、天がなければ何も無い、天があってすべてのものが存在する。そうしてこの天は永遠に存在してすべてのものを護り、すべてのものを治めるものですから、自然にして人間の力以上の力があることから神として「**仰《あお》がれる**」ことになります。

故に「**至仁《しじん》と仰《あお》がれる**」と、つまりすべての人々から敬われるといわれます。

そのように「仁」とは天の働きを見習い、愛情を他に及ぼすことでもって、いつくしみ、思いやり、博愛、慈愛となりますから、その働きは天道《てんどう》の発現とみなされていいわけです。従い「**万物を発《ひら》き明らかにして皆善なるものと成す**」と天の徳がいわれるのは、つまり天は自然の力でもってこの世に森羅万物を造り、またそのすべてを生成化育し、その働きが形の上に現れるように「**明らかにして**」そして「**皆**」互いが助け合い、和合し合って発展していけば、善い結果が生まれると、つまり「**善なるものと成す**」ことができるといわれます。

そして「**造化会元《ぞうかかいげん》〈世界化成〉の功《わざ》を知らんと欲すれば須らく看《よ》むべし『西遊釈厄伝《さいゆうしゃくやくでん》（西遊記）』**」といわれ、人間世界を創造したその天の『道』を物語る「造化会元」を知りたくば、『**西遊釈厄伝**』つまり、「**西遊記**」を読みなさいといわれます。

道の始まり

〜〜〜〜〜〜〜〜〜〜〜〜〜〜〜「西遊記・第一巻」第一回本文に

いったい天地の数は十二万九千六百年を一元とし、一元を十二会に、子・丑・寅・卯・辰・巳・午・未・申・酉・戌・亥の十二支に分ける。

まず一日について申しますと、子の刻には陽の気を帯び、丑の刻には鶏《にわとり》が鳴く、寅の刻には光を通さぬが、卯の刻には日が出る。辰の刻は食事が終わった時刻。巳の刻には推《すい》移《い》に任せる。日は午の刻に天のまんなかに来、未の刻には西に傾く。申の刻には日暮れになる。

日が沈むのは酉の刻、戌の刻にはたそがれになる。人の寝静まるのは亥の刻。これを天地の数になぞらえると、例えば、戌の会の終わりになると、天地が暗くなって万物が否《ひ》となる。

それから五千四百年たって亥の会の始めに達すると、まっくらやみになって天地間に人も物も無い状態になる。されば、これを混沌《こんとん》と申します。

さらに五千四百年たって、亥の会が終わりかけると、貞《てい》（天道の終わり）が下がって元

（天道の始まり）が起こり、子の会に近づく。そうしてまた次第に明るくなる（一会は一万八百年あり、その半分の最初の五千四百年は陽の時運、そして後の五千四百年は陰の時運）。

邵康節《しょうこうせつ》がこう言っています。

「冬至《とうじ》は子の半ばにして、天心《てんしん》に改移《かいい》なし。一陽《いちよう》初めて動く処にして、万物未だ生ぜざる時なり」と。ここに至って、天ははじめて根を持つ。それから五千四百年たって、子の会になると、軽く清めるものは上にあがって、日となり、月となり、星（昼間のホシ）となり、辰《しん》（夜のホシ）となる。この日・月・星・辰を四象《ししょう》と呼ぶ。されば「天は子に開く」と申します。

さらに五千四百年たつと、子の会が終わりかけて、丑の会に近づく、そうしてしだいに堅くなる。

『易』にこう言っています。

「大いなるかな、乾元《けんげん》（天道の始め）。至れるかな、坤元《こんげん》（地道の始め）。万物資《と》りて生ず。乃《すなわ》ち順いて天を承《う》く」と。ここに至って地は始めて固まる。それから五千四百年たって、丑の会になると、重く濁れるものは下に固まって、水となり、火となり、山となり、石となり、土となる。この水・火・山・石・土を五形と呼ぶ。それゆえ、「地は丑に開く」と申します。また五千四百年たって、丑の会が終わり、寅の会の初めになると、万物が発生する。

　暦書《れきしょ》にこう言っております。

「天の気は下降し、地の気は上昇し、天地交合《こうごう》して、群物《ぐんぶつ》皆生ず」と。ここに至って、天は清く地は爽《さや》けく、陰陽が交合する。それから五千四百年たち、寅の会になると、人が生まれ、獣《けもの》が生まれ、鳥が生まれる。これを天地人三才《さんさい》の定位《ていい》と呼ぶ。それゆえ、「人は寅に生まれる」と申します。さて盤古《ばんこ》が天地を開闢《かいびゃく》し、三皇《さんこう》が世を治め、五帝《ごてい》が倫《みち》を定めたのに感応《かんのう》して、世界は四大部州《しだいぶしゅう》に分かれた。曰《いわ》く東勝神州《とうしょうしんしゅう》、曰く西午貨州《さいごけしゅう》、曰く南瞻部州《なんたんぶしゅう》、曰く北倶廬州《ほっくるしゅう》。この書物はその東勝神州《とうしょうしんしゅう》の話でございます。

〜〜〜〜〜〜〜〜〜〜〜〜〜〜〜〜〜〜〜止

　〈参考〉

※三皇・伏犠《ふくぎ》・神農《しんのう》・黄帝《こうてい》

※五帝・少昊《しょうこう》・顓頊《せんぎょく》・帝嚳《ていこく》・帝堯《ていぎょう》・帝舜《ていしゅん》

『道』には法則、つまり秩序、順序といった理路整然《りろせいぜん》とした流れの中に決まりがあります。天の力が発現して宇宙創造のすべての働きとなり、そしてその中にあって緯度経度《いどけいど》、自転、公転など時間空間の不変の法則が存在し続けて、滞ることなく循環《じゅんかん》し運行《うんこう》し続けています。

つまり宇宙には宇宙の周期があって、そして、その宇宙の中に存在するすべてのものは、その周期に従って自転公転しているというわけですが、地球には地球の公転という周期があり、また地球の自転は一日という時間の周期があります。

その宇宙空間の時運の流れはすべて子の刻~丑の刻そして寅の刻へと、十二支の名に従って流れ、亥の刻が終わると、再び子の刻~丑の刻といった順に時を刻んでいます。

一日で言えば午前一時から三時までは丑の刻、午前三時から五時までは寅の刻といったふうに、その一刻は二時間ごとに切り替わって、次の刻に移行していきます。

その変わっていく様子を見ると、決して乱雑に変わっていくのではなく、その道の理には秩序があり、千万年を通じて少しも変わりありません。

そのように時運の中に自然があり、万物が生息しているわけですが、その営みはすべて時の流れに従って時を刻み、生成化育が為されて今日があります。

十二元会先天八卦図

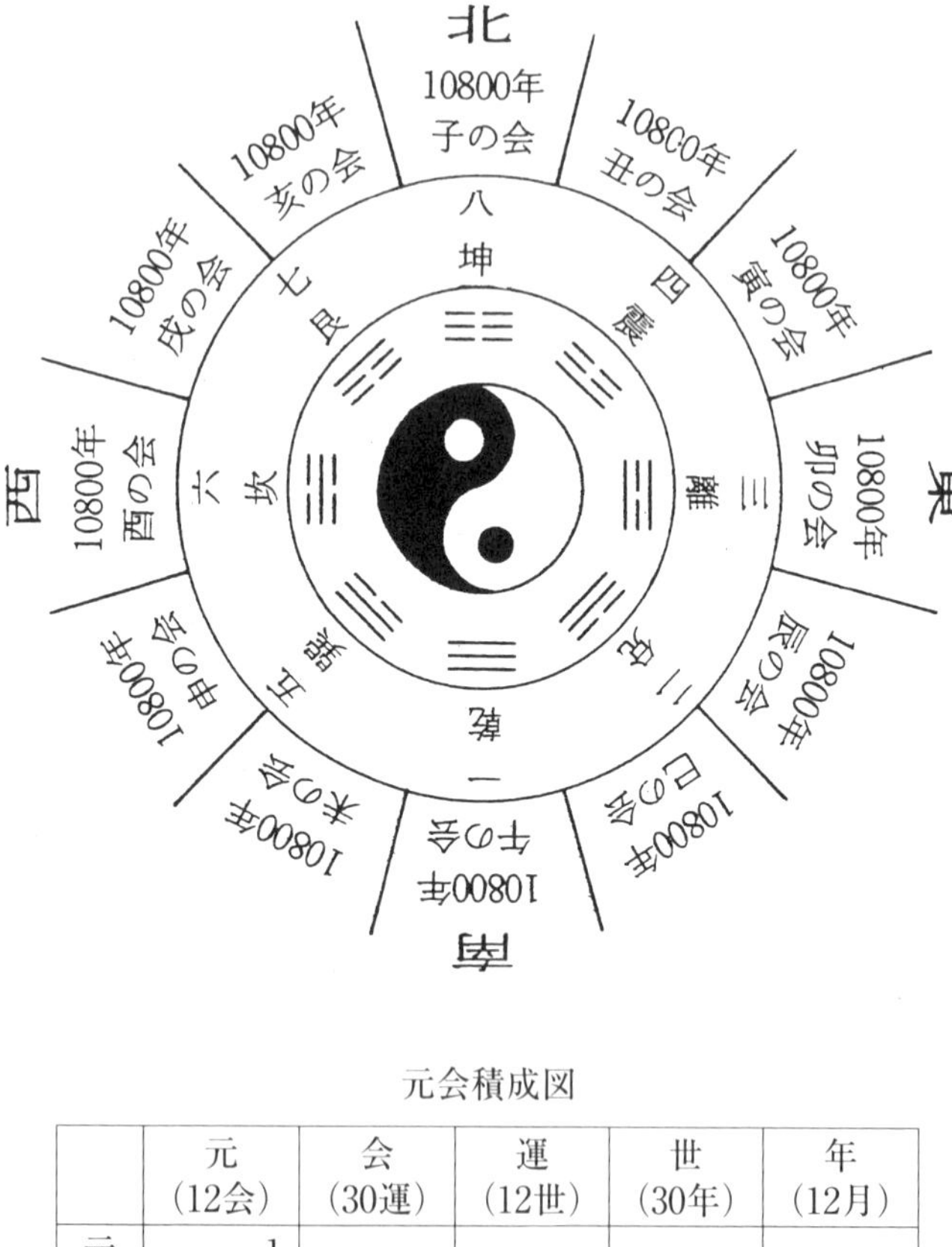

元会積成図

	元 （12会）	会 （30運）	運 （12世）	世 （30年）	年 （12月）
元	1				
会		12			
運			360		
世				4320	
年					129600

以上の事柄を図にしたものが、右の十二元会先天八卦図です。

東洋ではその時間の流れの積み重ねに対して、段階的に区切りをつけ、その呼び名を刻《こく》・日・月・年・世《せい》・運《うん》・会《かい》・元《げん》と付けています。それを元会単元用語《げんかいたんげんようご》といいます。

つまり、以上のように「**大いなるかな、乾元《けんげん》（天道の始め）。至れるかな、坤元《こんげん》（地道の始め）。万物資《と》りて生ず。乃《すなわ》ち順いて天を承《う》く**」と、すべてのもの森羅万象万物の誕生は時運の流れの中に誕生したものであるということを本文は示唆しています。

故に**老中**様は天地創造の手始めに「**いったい天地の数は十二万九千六百年を一元とし、一元を十二会に、子・丑・寅・卯・辰・巳・午・未・申・酉・戌・亥の十二支に分ける**」というように時空（時間と空間）の法則、陰陽の易を定められて、そして「**寅の会になると、人が生まれ、獣《けもの》が生まれ、鳥が生まれる。これを天地人三才《さんさい》の定位《ていい》と呼ぶ。それゆえ、『人は寅に生まれる』と申します**」とあります。

人間の道も、その天の『道』すなわち時運によってこの世に誕生したわけですから、「**霊根**」の源を知らずして、真の『道』は語ることはできません。

ですから「西遊記」の物語の最初に、人類の誕生に際しては、このような理屈があったということを物語って聞かせてくれています。

この世において「霊根」を如何に「**朶育てるか**」となれば、人間には父母としての養育があるように、天には天としての化育する道があって当然です。

秩序なく勝手気ままであれば、神聖な「霊根」を育てることはかないません。

従い「**盤古《ばんこ》が天地を開闢《かいびゃく》し、三皇《さんこう》が世を治め、五帝《ごてい》が倫《みち》を定めたのに感応《かんのう》して**」と、その人間統治の起こりを言えば、つまり神の時代から人間の時代へと移るについては、中国古伝説上《こでんせつじょう》の帝王、燧人《すいじん》が伝えられていますが、その後を継いだ伏犠氏《ふくぎし》が「**天地《てんち》は一《いち》を以《もっ》て画《えが》く**」といわれたことから、天地陰陽と称せられる人間世界は始まったと伝えられます。

この伏犠氏の時代は非常に古いことですから定かではありませんが、おぼろげながら判っているその時代を名づけて「三皇五帝《さんこうごてい》の世《よ》」といわれます。

「三皇」といわれるのは、非常に勝れた王者が三代続いたことを意味します。

一番が太昊伏犠氏《たいこうふくぎし》、次が炎帝神農氏《えんていしんのうし》、その次が黄帝軒轅氏《こうていけんえんし》となっています。

伏犠は家畜など飼うことを始めた人といわれ、その次の神農は農業を奨励《しょうれい》することに非常に力を用いた人、その次の黄帝は武力を用いて敵対する者を打ち払って国を盛んにしたと伝えられています。

また「軒轅《けんえん》」というのは戦争に使う車のことで、この黄帝に至って国が非常に繁栄したと言い伝えられ、三人の中においても殊《こと》に勢力の盛んであった君主のようです。

とにかく、この三皇時代というのは「盤古《ばんこ》」のことですから、歴史上の伝えだけでハッキリしませんが、伏犧氏が人間としては一番初めの皇帝だと伝えられます。

その伏犧氏が易を始めて、天の道を人の道の手本とするということを人々に教えたのだと伝えられていますが、しかしその事跡《じせき》は跡形《あとかた》もありませんから、伏犧氏が易を始めて、どれだけのことを後世まで遺《のこ》したのか、その詳《くわ》しいことについては何もわかっていません。

その後に、以上の三皇に続いて出た、勝れた天子が五人います。

これを「五帝」といい、この五帝の終わりの二帝が堯《ぎょう》と舜《しゅん》で、「堯舜の時代」といわれて、孔子《こうし》をはじめ、その他の聖人が、最も勝れた天子が上に立って天下がよく治まった時代として、共に仰《あお》いでいます。

それから舜が禹《う》に位を譲って、そしてこれより後は子々孫々に伝えられて、夏の時代に入っていくわけですが、「西遊記」の話はその「**五帝が倫《みち》を定めたのに感応して、世界は四大部州《しだいぶしゅう》に分かれた**」というところから始まります。

この「**五帝が倫を定めた**」時代と比して「西遊記」は、明《みん》代中期十六世紀後半の作品であり、また三蔵法師玄奘《げんじょう》は唐《とう》の太宗《たいそう》時代、六世紀の高僧ですから、その暦年《れきねん》の隔《へだ》てはゆうに二千五百余年以前となります。

人間の歴史としての遺跡《いせき》が、その時代のものかどうかが疑われて発掘されている時代が「幻《まぼろし》の夏王朝《かおうちょう》」です。それよりさらに遡《さかのぼ》って「五帝」の時代といえば、歴史上には語られていますが、その当時のことは、未だ顕《あきら》ではありません。

そのように考えると神々の時代から人間の時代への変遷《へんせん》が本文では「**世界は四大部州に分かれた**」という言い方でもって表現されていることになります。

花果山という名山

〜〜〜〜続いて「西遊記・第一巻」第一回本文に

この東勝神州《とうしょうしんしゅう》の海の外に傲来国《ごうらいこく》という国があった。
この国は大海に接していましたが、
その海の中には花果山《かかざん》という名山がありました。
この山は十州《じゅうしゅう》の源、三島《さんと》の中心部で、
清めるものと濁《にご》れるものが離れてから生まれ、
鴻濛《こうもう》が判《わか》れてから出来たもの、
まことに立派な山でございます。〜〜〜〜止

まずは「**傲来国**」という名づけについて考えますと、「**傲**」という字の意味を字で見れば「**傲**」の字はまことに人間社会の人々の生きざまを端的《たんてき》に言い表した文字のようです。

【傲】（イ11）　漢ゴウ（ガウ）呉ゴウ　号áo　―おご－る

解字 会意形声。敖《ガウ》（あそぶ・おどる意）に人を加えて、おもに「おどる」意を表す。

異体 「慠」は別体。

意味 ①おご－る。＝敖《ゴウ》・慠《ゴウ》(ア)おごりたかぶる。あなどる。他人をみくだす。「傲慢」(イ)しのぐ。ものともしない。「傲レ霜之菊」(ウ)ほしいまま。わがまま。＝婺《ゴウ》②かまびすしい。さわがしい。＝嗷《ゴウ》・謷《ゴウ》③あそぶ。あそびたのしむ。＝敖・遨《ゴウ》

「**傲来国**」は東勝神州にあって、「**傲**」の字の如く、そのような国であると認識すればいいのではないでしょうか。

そして「**この国は大海に接していて、その海の中には花果山という名山がありました**」とあります。これは左の「須弥山図《しゅみせんず》」を見て話を続けます。

以上の世界が私たちが住む全体の世界で、大三千《だいさんせん》世界といいます。

しゅみ【須弥】〔仏〕須弥山（しゅみせん）の略。――ざ【須弥座】①須弥壇に同じ。②八幡座（はちまんざ）の別称。――せん【須弥山】（スミセンとも）（梵語 Sumeru の音写。蘇迷盧とも。妙高山・妙光山と訳す）仏教の世界説で、世界の中心にそびえ立つという高山。海中にあり、高さ八万由旬（ゆじゅん）。頂上は帝釈天（たいしゃくてん）が住む忉利天（とうりてん）で、中腹には四天王が住む。周囲は九山八海に囲まれ、その海中に閻浮提（南贍部洲）などの四洲がある。日月星辰は須弥山の周囲を回転している。

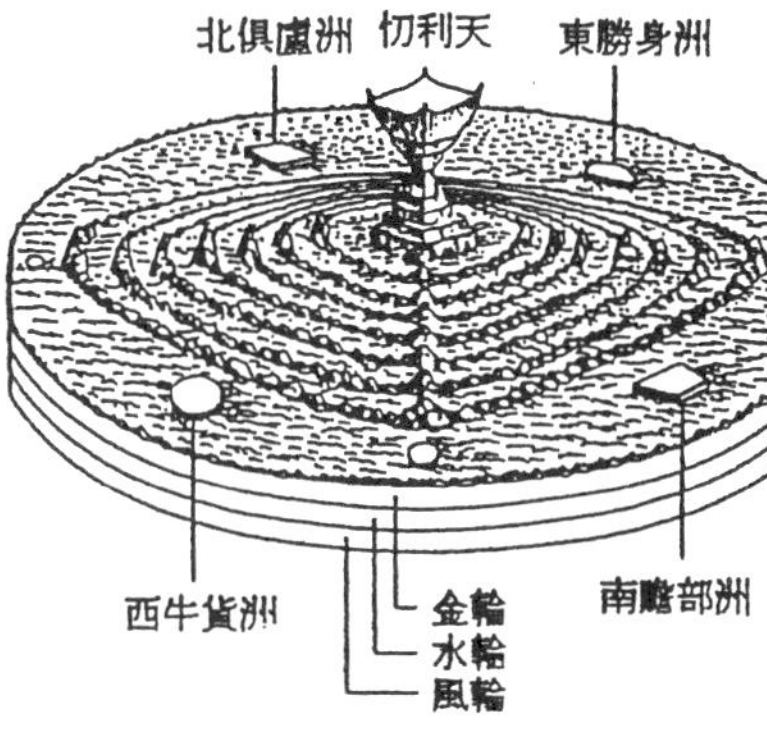

〔須弥山図〕

ですから「**東勝神州の天……前の海の中に花果山**」となると、図に見る限りは、「**忉利天《とうりてん》**」ということになります。

なぜなら「**十州の源、三島の中心部で、清めるものと濁れるものが離れてから生まれ、鴻濛が判れてから出来たもの**」といわれるからです。「**十州の源、三島中心部**」は三界十方の中央を意味しており、そしてその十州の「**十**」は東・西・南・北の四方《しほう》と東南・南西・北東・北西の四《し》隅《ぐう》と天地上下を表し、「**州**」は区域、島国を表しています。以上を総括《そうかつ》して見れば、大千世界・天下・世界・

宇宙を意味していることになります。「三島」は「三界《さんかい》」のことで、すなわち「十州」の中に気天界・象天界・地獄界の三つが存在しているといわれます。つまり大三千世界の中に存在する三界の中心部に「**花果山という名山**」があるというわけです。

「**花**」は「華」、れんげ、極楽の華を意味し、「果」は道果《どうか》、すなわち「**花果山という名山**」とは三界の中では気天界に位置するところ、宗教界で謂われるところの極楽境とされるところです。その天上界に至るには「**この国は大海に接していましたが、その海の中**」といわれるように、「**海**」を渡らなければたどり着くことができません。

お釈迦さまはこの「海」のことを指して、人間の暮らしに生ずるさまざまな「苦」、つまり生きる苦労、老いる苦労、病苦、死にいく苦労の四大苦《しだいく》と、それに人間に根強く付随《ふずい》する心の葛藤《かっとう》、すなわち憂い、悲しみ、苦しみ、悩みといった四苦の計八つの苦に加えてさらには物欲、財欲、利欲、色欲などの煩悩《ぼんのう》のすべてをまとめて、人間世界は「苦海」だと申していることから察すれば、その「**花果山という名山**」は「**清めるものと濁れるものが離れてから生まれ、鴻濛が判かれてから出来たもの**」といわれるのは、人間として苦海に居続ける限りは四生六道輪廻を余儀なくされることを知った方々が『道』に目覚めて、そしてわが身の穢れをはらい清めて自らを新たにした者や、国や人々のために労を尽くした善行の人や貢献した方々が、その死後に昇られる天上界を指して、そういわれます。その天上界を上位、中心にして人間界（**東勝神州**、**西午貨州**、**南瞻部州**、**北倶盧州**）そして地獄界がこの世には存在していることになります。すなわちこの世、形象世界は見えるもの、見えぬものが入り交じった霊界ですから、霊の本字は口が三つ含まれた「靈」の字でもって三界（気天界・象天界・地獄界）の霊界が明らかに示されています。

（雨7）【霊】当 （雨16）【靈】 漢レイ 呉リョウ（リャウ） líng 青 ―たま
解字 会意形声。𩆜 靈 巫（みこ）と霝《レイ》
（零の別体。くだる意）とで、神霊を降下させるみ
こ、転じて「たましい」の意を表す。一説に、𩆜が本
字で、形声。玉と音符霝《レイ》（清らかで美しい意
↓令《レイ》）とで、もと、玉の清らかさの意という。当
用漢字は省略形による。

しかし「**鴻濛が判れて出来たもの**」と記されている限り「**花果山**」が存在する天上界は、

形象世界の高位に在りますが、時至れば再び人間として「性命」が授けられて、そして転生が余儀なくされます。ただし人間に転生できたとしても、どのような国のどのような人種に生まれるのか、また白人か黄色人か黒人か、さらにその人生は如何なるものか、それはこれまで繰り返してきた輪廻での因果すなわち自らが為した賞罰罪業に因《よ》るとされます。性命《たましい》（忄《こころ》）の誕生は、決まってこの世の中心の場所、天上界の「**花果山**」から始まるといわれます。

その「**花果山**」のことを、本文に「**正《まさ》に是《これ》れ、百川《ひゃくせん》の会《かい》する処《ところ》、天柱《てんちゅう》を擎《ささ》え、万劫《まんごう》も大《おお》いなる地根《ちこん》を移《うつ》すことなし**」とあります。

「**百川**」とは、九の九乗はこの世の最高数を意味しますが、十の十乗、百ともなれば、さらにその上をいく数限りない無限的なものと解釈され、その「**川の会する処**」つまり多くの支流が本流に集まって一つになる処となります。

言葉を換えれば大三千世界でのすべての事物を束《たば》ねる中心的な処、本流と位置づけています。つまり天上界の「花果山」は、三界十方《さんかいじっぽう》を束ね支配する中心、そしてそれは「**天《てん》柱擎《ちゅうささ》え**」で、さらに上天を支えている基盤であり、地上の根、つまりこの世の根と称される存在でもあるといわれます。

その三界十方を統べる天上界は最高峰ではなく、さらに上、上天があることが、ここでは示唆《しさ》されていますが、その**忉利天**《とうりてん》に在る「**花果山**」は「**万劫も大いなる地根を移すことなし**」、つまり、この世三界十方において、永久に変化することも移り変わることもない不変不動の処だといわれ、次頁の図の如く六欲天の大部分を占めているのが**忉利天**《とうりてん》です。また六欲天の上には親神**中**の仏界・天堂の『理天』極楽が存在し、そして六欲天の下には形象の人間世界があり、さらに下には地獄界があります。

以上からして天上界の「**花果山**」の様相を、文字に移し変えれば性命の**忄**《りっしんべん》が相応しく、私たちの性命、すなわち靈は一体どこから来たのかと考えれば、その由来を**忄**は川の字の如く意味深に語っています。それは**忄**の文字の中心に「**撃える**《ささ》」の**｜**が見られるからです。

ゆえに孔子様は

『**天の命、これを性**《せい》**（たましい）と謂**《い》**い、性を率**《ひき》**いるを、これ道と謂い、道を修めるを教と謂う**』と、天の命は性、すなわち**忄**をもって、その性の尊き謂れを語っています。

つまり「天の命である性（靈）を、本（根源）より末《すえ》の、この世に遣《つか》わした」という意味がいわれます。

法《ほう》燈《とう》図《ず》

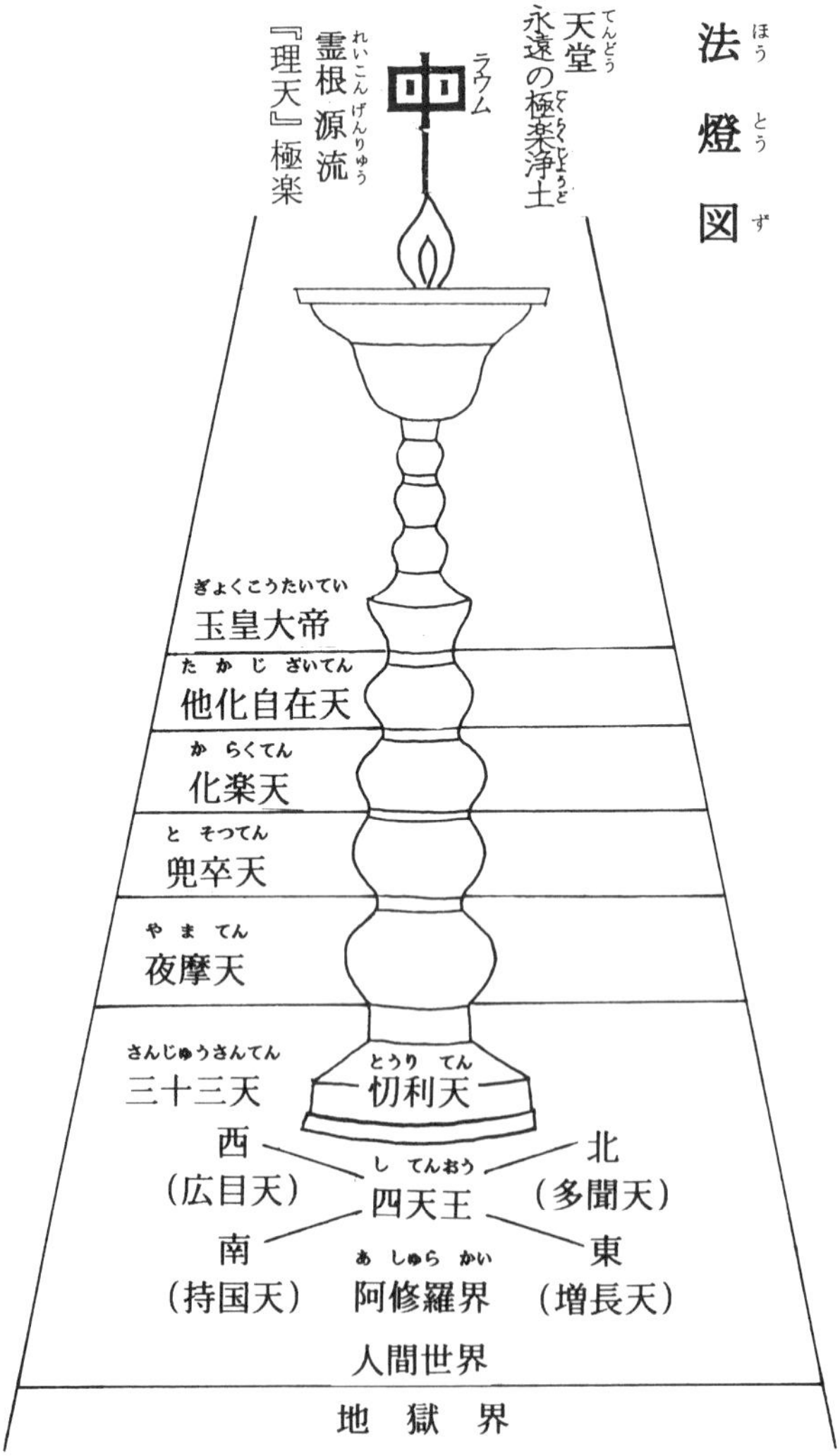

天堂《てんどう》
永遠の極楽浄土《ごくらくじょうど》
中《ラウム》
霊根源流《れいこんげんりゅう》
『理天』極楽
玉皇大帝《ぎょくこうたいてい》
他化自在天《たかじざいてん》
化楽天《からくてん》
兜卒天《とそつてん》
夜摩天《やまてん》
三十三天《さんじゅうさんてん》
忉利天《とうりてん》
西
(広目天)
北
(多聞天)
四天王《してんおう》
南
(持国天)
東
(増長天)
阿修羅界《あしゅらかい》
人間世界
地　獄　界

一方、孟子は

「その心を尽くす者は、その性を尽くすなり、その性を知らば、すなわち天を知るなり」

と、逆もまた真なりで、天からの性の流れを遡《さかのぼ》って「**霊根**」の根源を明らかにしています。

大三千世界を運行する原動の源『八卦』

〜〜〜「西遊記・第一巻」第一回本文に

その山の頂きに一つの石がありました。

高さ三丈《じょう》六尺《しゃく》五寸《すん》、周囲二丈四尺の石です。

高さが三丈六尺五寸というのは、周天《しゅうてん》（天球《てんきゅう》の大円《だいえん》の円周）の三百六十五度にもとづくもの、周囲が二丈四尺というのは暦《こよみ》の二十四気にもとづくものです。

石の上には九つの竅《あな》と八つの孔《こう》がありましたが、これは九宮八卦《きゅうぐうはっけ》にもとづくもの。

〜〜〜〜〜〜〜〜〜〜〜〜〜〜〜〜〜止

「山の頂に一つの石」というのは、天上界が中心となって、大三千世界全体を循環運行させている易盤《えきばん》、後天《こうてん》の八卦盤《はっけばん》を表しています。故に「周天三百六十五度にもつづくもの」と。

宇宙運行《うんこう》の基盤《きばん》は後天の八卦、それにより一年一年廻る天地自然の気の流れをとって季節の流れや方位を観、そしてその流れに順《したが》って世の中の動向や人々の生活習慣や、そしてまた人の運が影響すると考えられて、人の命運を推察するようになったのが九宮《きゅうぐう》すなわち九星術《きゅうせいじゅつ》です。

後天の八卦

九星術

盤《ばん》の数字の流れは八卦盤も九星盤も共に同じですが、九星の場合は各数字に色と木・火・土・金・水の五行が当てはめられていて、易の八卦との対応上各九星には時期的に定位置があります。

それはその年その年の星の位置によって自然は変化し、また人の運は動かされて影響を受けるという観点からです。

先天の八卦

一方、上天の理天極楽は先天《せんてん》の八卦《はっけ》でもって大三千世界という形象世界を包含《ほうがん》していますから、天地自然といった時間空間はなく、全く不動ですから、先天八卦の易盤は大千世界の方位（東西南北の四方八方）を制定するのみで、さらに示された理数《りすう》の数は定位にあって動きません。

上天は先天の八卦でもって後天の世界を囲い、「**造化会元《ぞうかかいげん》（世界化成《せかいかせい》）の功《わざ》**」を施しています。「化成」とは、この世を順よく正しく育てて、その生成化育《せいせいかいく》を遂げさせる働きをいいます。

八卦（八八）と掛け算（九九）

易と称される『八卦（八八）』のそれぞれの働きを解読するのは難解で理解しがたいものですから『易』は帝王学《ていおうがく》といわれ、時の帝王や優れた学者だけが携わってきたと伝えられていますが、その内容はともかくとして、この世のすべての働きはその『八卦』の示すとおりに、運行され循環していることは自明の理でありますから、その事実を明らかに理解する順序として、まず八卦図を知る必要があります。

⚊は陽爻《ようこう》、⚋は陰爻《いんこう》といい、その陰陽の爻は時の状況、つまり、見えない陰陽の気の流れや働きを陰陽の爻（記号）にして、そして時代の流れや動向、また人の命運《めいうん》やその時々の心情あるいは状態といった運の流れを描き出します。そのように大三千世界における時間と空間はすべて法則の上に成り立っているので、その指針となる盤や図表なるものが当然示されていなければなりません。それが易『八卦』であり、「掛け算」並びに、割り算、たし算、ひき算ですが、それらは共に天より出たもので理数の顕《あらわ》れですから、天の働きは明らかに形に表されて図表に示すことができるようになっています。

そして、その答えとするところは一つで、同じ一理《いちり》でなければなりません。

『易』八卦と九九のかけ算の八の段迄の合体図

1×1～8×8までのかけ算表

	1	2	3	4	5	6	7	8	合計
1	1	2	3	4	5	6	7	8	→ 36
2	2	4	6	8	10	12	14	16	→ 72
3	3	6	9	12	15	18	21	24	→108
4	4	8	12	16	20	24	28	32	→144
5	5	10	15	20	25	30	35	40	→180
6	6	12	18	24	30	36	42	48	→216
7	7	14	21	28	35	42	49	56	→252
8	8	16	24	32	40	48	56	64	→288

合　計　1,296

しかしその説明は易では非常に難しく複雑なので、易は八卦と八卦を掛けて（8×8＝64）そして森羅万象の動向を見ることから、同じ作動をして答えを出す掛け算（8×8＝64）でもって説明すれば、1・2・3・4・5・6・7・8の各段の掛けて出た積《せき》の合計を見ると、一の段の八までの積合計が36で、以後2段、3段と進むごとに36に36を加算していけば格段の積合計が算出できます。そしてその格段、8の段までの総合計は、先の表に見られるように1296となり、実に36の36倍となっています。また、以上の掛け算と元会積成図は深い関係にあることが、図表からわかります。

元会積成図

	元（12会）	会（30運）	運（12世）	世（30年）	年（12月）
元	1				
会		12			
運			360		
世				4320	
年					129600

一元十二会先天八卦図

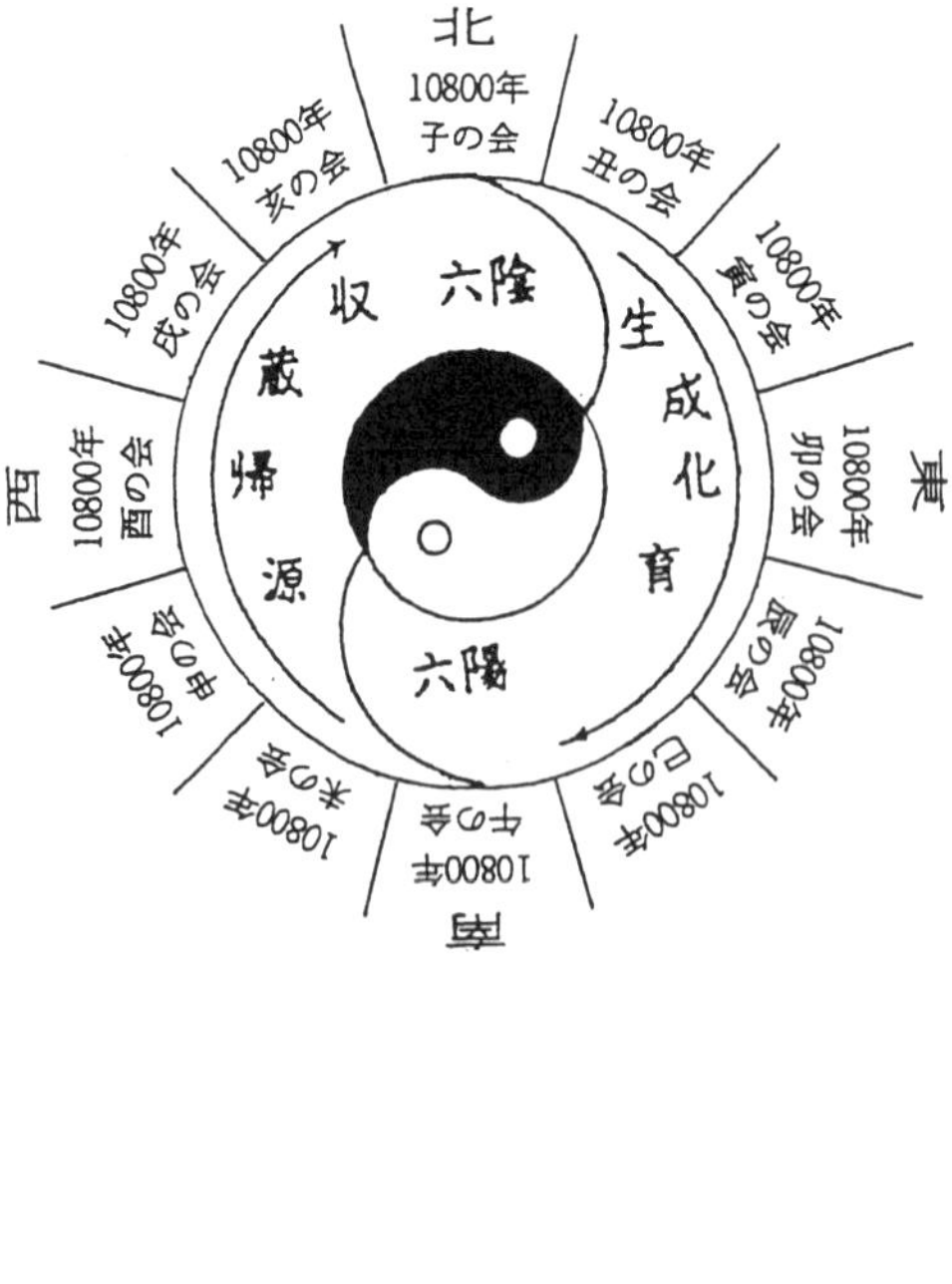

元会積成図の「元」とは、天の働きが三百六十度の円を描いて一周する単元をいいます。年に換算して説明すれば、三十年で一世つまり三十×十二で一運、一運は三百六十年、その一運の三百六十年に三十（一世）を掛けると一万八百年となり、宇宙の一会は一万八百年と判ります（本文では会元《かいげん》、図では元会《げんかい》となっていますが同じです）。

つまりそれは元会積成図の十二万九千六百年を十二支《し》に振り分けると、その一会の年数、一万八百年と同じです。

よって、子の会は一万八百年間、丑の会も一万八百年間、そして寅の会も一万八百年間というようにして十二支の各会の年数を合算すると、総年数は宇宙円周の十二万九千六百年と合致《がっち》し、八八の積数《せきすう》の総合計の実に百倍に相当します。

これは天の周期に対して大三千世界の周期は百分の一でもって廻っていることになります。

またこれは八八でもって天の行に応じ、天の行を遂行《すいこう》しているという現れです。

つまり形象世界が陰陽の影響を受けて「万物《ばんぶつ》を発《ひら》き、造化会元《ぞうかかいげん》（世界化成《せかいかせい》）の功《わざ》」を施《ほどこ》している証しでもあります。

それでは９の段の積ところは何を意味するのかといえば、この世を包含《ほうがん》して循環運行させている理数の元、すなわち先天八卦は「掛け算表」のどこにあるのかといえば、掛け算表の掛け合わす元の数、1~9の段の各積数に見られます。

1×1~9×9までのかけ算

	1	2	3	4	5	6	7	8	9	積合計
1	1	2	3	4	5	6	7	8	9	⇨ 45
2	2	4	6	8	10	12	14	16	18	⇨ 90
3	3	6	9	12	15	18	21	24	27	⇨135
4	4	8	12	16	20	24	28	32	36	⇨180
5	5	10	15	20	25	30	35	40	45	⇨225
6	6	12	18	24	30	36	42	48	54	⇨270
7	7	14	21	28	35	42	49	56	63	⇨315
8	8	16	24	32	40	48	56	64	72	⇨360
9	9	18	27	36	45	54	63	72	81	

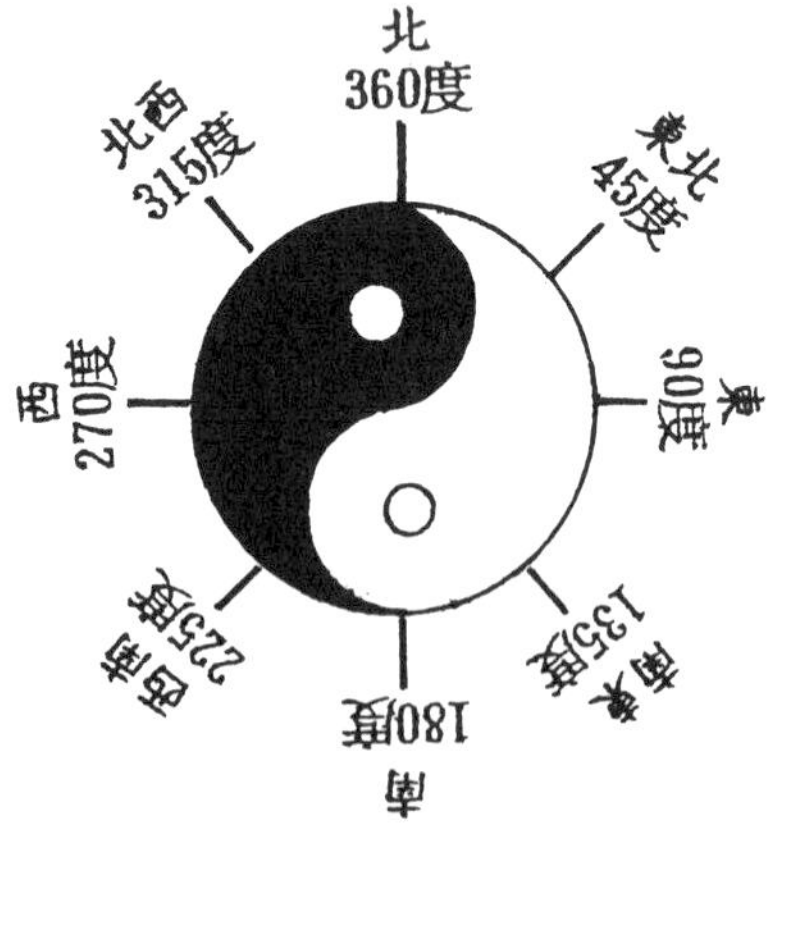

それは図の如く9の段の各段の積の合計数は、先天《せんてん》八卦《はっけ》に示された方位の度数と合い、その共通のところが示されています。

９の段の各積の合計数は大三千世界を包む、四方八方の方位の度数《どすう》を示しています。

つまり宇宙の緯度経度は、これにより定められているというわけです。天地創造の始めに先天八卦が示す四方八方の方位と天地がまず制定されて、その後その囲いの中に後天八卦が掌《つかさど》る大三千世界の自然界（気象）も、人間世界のあらゆる営みも、また物事の成り立ちも、そのすべては天の理である三百六十の円周《えんしゅう》に相応《そうおう》して行われているということになります。

円周の中においての時間、また空間での物事を「易八卦《えきはっけ》」と「掛け算の八八」は、すべての働きに応じて『道』の能力すなわち天が行う才能を遺憾なく発揮しています。

つまり易は世情の動向や人の心情を推し量り、計算によって事を遂行したり、物を造ったり、計画したり、学問、工学、医療、天文などあらゆる分野の数値（計算して得た数）としては欠かせません。

このように、理数は大三千世界を動かす天の超エネルギーの現れであることが判れば、人々の暮らしの一部始終が易の陰陽でもって行われていることは、自明《じめい》の理《り》であると理解できます。

しかしもう一つ理解を深めなくてはならないものがあります。

それは文字、すなわち漢字です。漢字は一文字であったり、二文字または三つ、四つと組み合わせたり、取り除いたりすると別の漢字が現れます。

またわれわれ、私たち、天地自然、喜怒哀楽など、一つ一つの字を組み合わせることによって、その意味や内容が表現できます。

そのように漢字は宇宙に限りなく存在する森羅万象万物の一切のもの、つまり目に見える、耳に聞こえる、鼻に匂《にお》う、手で触れる、それらそのすべての個々の姿や形を形容しています。

それは漢字もまた森羅万象万物を描き出す陰陽の易によって作られていますから、易八卦（八×八＝六十四）と同じく「一」つまり一画から始まって、そして六十四画で終わっています。

六十四畫

𪚥 テツ テチ

𠔻 セイ

●出典／大漢和辞典（大修館書店刊）

つまり、漢字も森羅万象万物のその姿を描いていますから、漢字からも天の『道』を探り出すことができるということになります。

漢字の根源

漢字の一つ一つ、言葉の一句一句に天道の真理が存在し、嘘偽りでない真理が刻み込まれています。その漢字の根源をたずねてさかのぼることができれば、漢字が示すところの真諦《しんてい》を垣間見《かいまみ》ることができます。

なぜなら、漢字の起源を辿《たど》れば、黄帝《こうてい》の臣下である倉頡氏《そうきつし》が命を受けて、当時の象形文字から漢字の元を創《つく》って、そして今に伝えられたとされるからです。しかし、その時代は歴史上に伝えられているだけで、その実体も遺跡も明らかになっていません。

いわば神々の時代、太古ということになります。

三千年以上前の、黄河の流域に起こった中国の文明は、既に文字を使用していて、相当に高い生活をしていたと伝えられます。それ以前の原始時代においては、あらゆる現象は神々の仕業と信じられ、とりわけ形象文字はその当時の意思の疎通には欠かせられないものであったといわれます。

ですから文字の起源を理解することは神々の時代と結びついて、真理の極みへと移行することがかなうのではないでしょうか。

人間のあらゆる事物は漢字、漢文、漢詩でもって言い表すことができるように、漢字の起源は言霊《ことだま》の起源でもあるといえるからです。

その漢字は一文字の場合もありますが、大概はその一つ一つの字の意味が持ち寄せられて合体結合し、そして構成されていますが、特にヘンや共通した文字が漢字に使用されている場合、その意味が共通性を持ちます。

例えば人間の誕生は母親の「陰部」からですが、その「陰」という字は月を意味して、陰月、太陰、光陰といった言葉が使われますが、それが肉体の各部分の名称に付随して、脳、心臓、腎臓、脾臓、胃、骨などの字を見ると「月」の文字で飾《かざ》られています。

つまり肉体は「陰」の世界からの誕生であるということの証しとなります。

半面、頭、眼（目）、耳、鼻、舌（口）、首、手、足、などは心の働きを意味しますから月の字が付いていません。

以上のように字体の深層部を探れば、この世におけるすべての真理が文字の一つ一つに託されていて、意味を為していることが分かります。

そのように太古の神々の時代に作られた文字が、今なお存在して現在に使用されているということを考えれば、その文字の意味、そして陰陽の働きは昔も今も変わらないということになります。

天道の真髄を語る『易』

天地自然は「象《しょう》」と称され、目に見えぬあらゆるものが離散集合《りさんしゅうごう》して時の状況を伝えています。「象」は感じることはできますが、目には見えません。

その見えないものを「形」に変えて、見たり推測したり、作ったり作り替《か》えたりする、これを易、陰陽と称しますが、陰陽の気のその働きを推測して時の状況や状態を見ます。

これら形象は宇宙に一体となって存在するものですから、自然同じ起源である『天の命』に因《よ》らなくては成り立ちません。つまり、因らなくてはならないということは、天が時の帝王《ていおう》である聖人《せいじん》に『天の命』を何らかの形でもって指《さ》し示《しめ》した、つまり教えたと解釈することができます。それは先天八卦、後天八卦の手本となる『河図《かと》』と「洛書《らくしょ》」といわれるものですが、そのいずれもが黄河、つまり河川からの出現で、これは「西遊記」本文に言われるところの「**百川の会する処**」の「川」に相当します。

『河図』は太古の昔、易の始祖《しそ》伏儀皇《ふくぎこう》の時代に中国の黄河から出た「龍目《りゅうめ》」の背中に描かれていた図で、その背中に一から十に至る白○と黒●が記されていました。

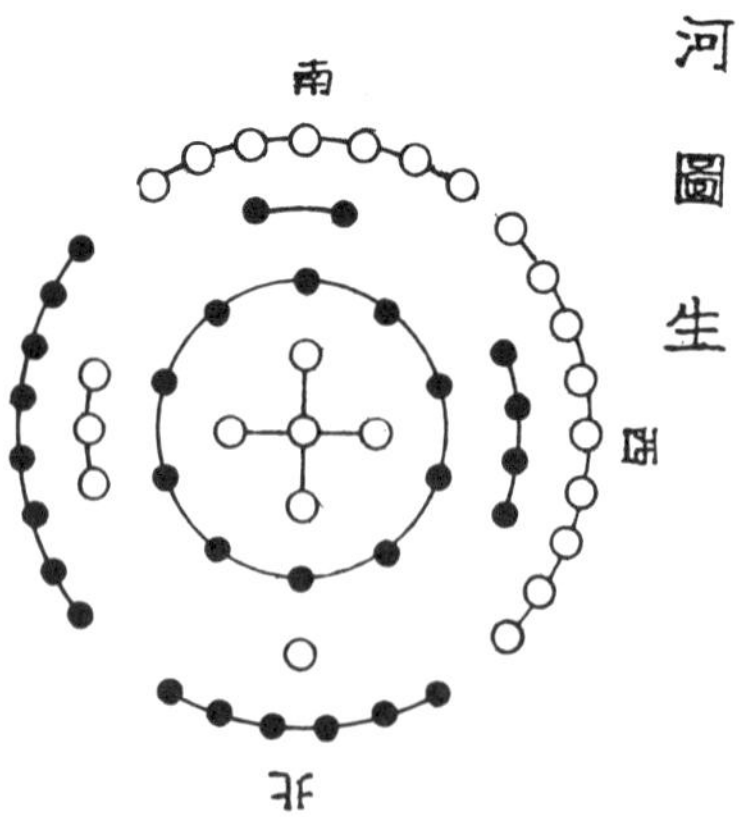

陽　1＋3＋5＋7＋9＝25
陰　2＋4＋6＋8＋10＝30
55＝河図

中央に白○が十字型に五、その白○の五の回りに黒●が十ありました。

そして東西南北に、一の陽数《ようすう》○には六の陰数《いんすう》●を、二の陰数●には七の陽数○を、同じく三の陽数には八の陰数を、四の陰数には九の陽数が配置されてあり、その陰陽の総数は五十五ありました（「掛け算」の一の段の総数が五十五と同じで、これが『数』の始まりと伝えられます）。

伏儀皇はこの『河図』を見て、天がものを生み出していく姿、つまり「ものが長ずる」を、一から十に至る陰陽の○●の記号でもって表したものだと悟ったのです。

しかし当時は神々の時代ですから、『河図』は宇宙創造の過程の縮図（天盤《てんばん》）を指し示したものですが、それに因って宇宙の緯度経度《いどけいど》が定められた結果、その方位の位置の陰陽五行の気のその密度に適した星々が誕生することになったとされます。

地球もその例に漏れませんが、生命の誕生となると、生物が住むのに適した環境づくりが当然必要となってきますから、宇宙空間（河図）と同じ環境では人間はじめ生命の維持《いじ》は計れません。

自然環境を乗り切っていくための羅針盤が必要です。

それには中心となるエネルギーの源、「西遊記」にいわれる「**天柱《てんちゅう》を撃《ささ》え、万劫《ばんごう》も大《おお》い**

なる地根《ちこん》を移《うつ》すことなし」といわれる不動のものが必要となります。

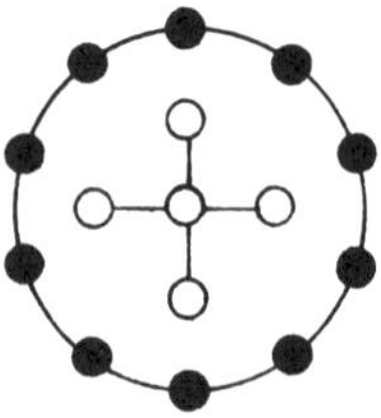

そこで天は大三千世界をとこしえに滞《とどこお》りなくして変化のない、時間と空間の世界を維持し循環させるために『河図』の中央に見られる、白〇の五そしてその白〇の五の回りの黒●の十の部分を、後天の世界の羅針盤として下されました。この部分は『河図』の中心つまり中央部であり、また「洛書」の中心と連動して、そして大三千世界を循環運行させる原動力となっています。

「洛書」は舜帝《しゅんてい》の時代、つまり神仏の時代の道の統掌《とうしょう》（先天大道《せんてんだいどう》））が終わり、大道が人間に降ろされた、最初の人王伏儀氏《じんおうふくぎし》から数えて八代目にあたりますが、その舜帝の時代において、黄河が頻繁《ひんぱん》に氾濫《はんらん》を起こし、洪水《こうずい》が後を絶たない時期が続いて大変苦労しましたが、その時に舜帝はその対策を禹《う》に命じました。長い年月を経《へ》て漸《ようや》く禹が洪水を修めた時、その洛水《らくすい》（黄河に注ぐ支流の川の名）から現れた神亀《しんき》の背中に白〇、黒●の文《あや》が描かれていたものが、後天の八卦の本《もと》とされる「洛書」です。

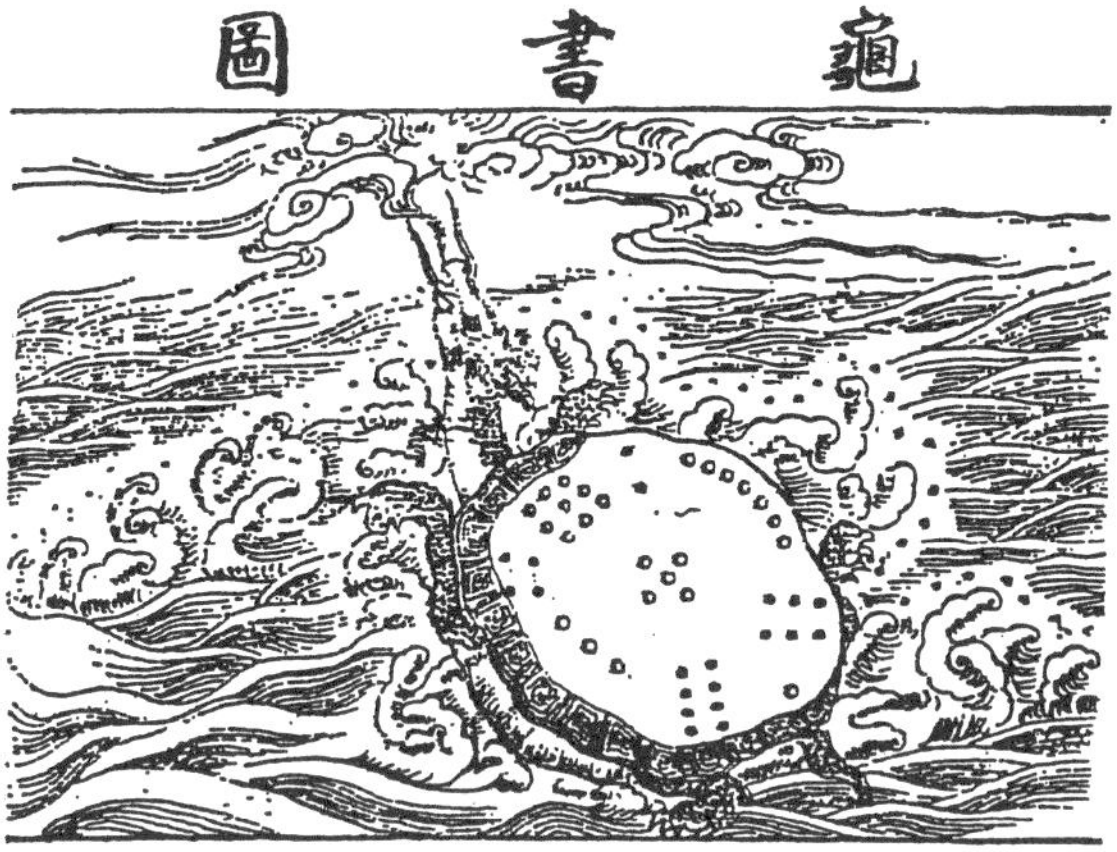

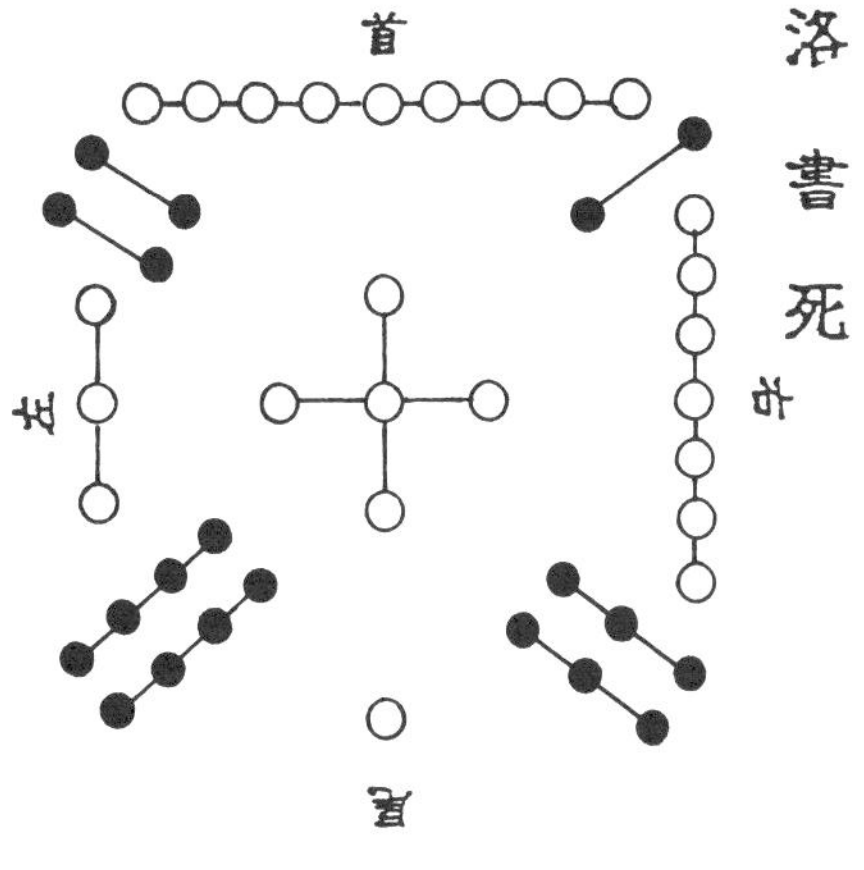

陽　1＋3＋5＋7＋9＝25
陰　2＋4＋6＋8＋　＝20

} 45＝洛書

『河図』の中央部に見られる白〇の五と黒●の十を加えると十五、その十五が「後天」に下って大三千世界の生命力の源となっているわけですから、これを天地《てんち》の数《すう》といわれ、『河図』の図ではその総数は五十五ありましたが「洛書」では四十五となっています。

九星術

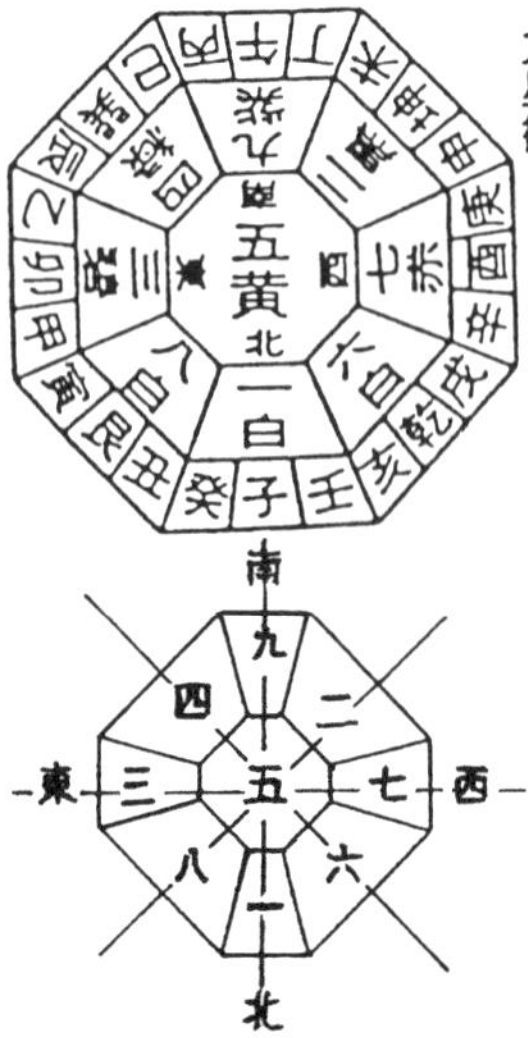

それは、先天の『河図』から後天の「洛書」に移った段階で、先天八卦中央の白〇の五と黒●の十の部分でもって「洛書」すなわち後天の八卦が作られたことを意味しています。

つまり「洛書」の白〇と黒●の配置を見ていただければ解りますが、その数は縦《たて》、横《よこ》および斜めの各総数が各々皆十五となっています。

これは魔方陣《まほうじん》とも呼ばれ、以後、九星方位学といわれる気学の方位盤に移行して、暦や占いに使用されています。

また『河図』は黄河の本流から、「洛書」はその支流から現れていますから、これは本《ほん》末《まつ》の関係にもあたります。

以上のことに関する文献《ぶんけん》として易経《えききょう》の「繋辞上伝《けいじじょうでん》」に「**河《か》より図《ず》出《い》で、洛《らく》より書《しょ》出《い》で、聖人《せいじん》これに則《のっと》る**」と記されています。

さらに「**天は一、地は二、天は三、地は四、天は五、地は六、天は七、地は八、天は九、地は十となり、天の気は五つあり、地の気も五つあり、天は陽にして、地は陰にして、陰陽各々変化して、森羅万象《しんらばんしょう》を行い、万物《ばんぶつ》の生成化育《せいせいかいく》をする**」とあります。

すなわち先天中央の●の十は、後天の大三千世界に下って陰陽五行の気と化し、天地自然を循《めぐ》り、万物を生み育てていると解釈されます。

「**聖人《せいじん》これに則《のっと》る**」は、聖人は『河図』を解明し、「洛書」を解読《かいどく》して、そして人々を天道に導くための教えとしている、という意味です。

また儒教《じゅきょう》の孔子《こうし》様が「**吾《わ》れ、五十《ごじゅう》にして天命《てんめい》を知《し》る**」といわれたのは、十五の数に対する謎《なぞ》で、天より下った中央の十五は後天では返《かえ》って五十となり、つまり陽陰《よういん》が返って陰《いん》陽《よう》となって華《はな》開きますが、その華をこの世において実を実らせるためには、天より下ろされた五十を十五に返さなくてはなりません。

すなわち後天の地盤《ちばん》五十を返すと先天の十五となるという理屈です。

故に「**五十を以《もっ》て易《えき》を学べば、もって大過《たいか》なかるべし**」といわれます。

つまり、後天の五十を返せば、先天の十五となることを易でもって悟れば、逆もまた真なりで、十五に返る道を得れば、大きな因果のお荷物、大過（荷が重過ぎる）を背負わなくて済むと、そう教えられます。それは天道の『三宝』を授かって五体（身体）中心の霊の正門・玄関に十字を得れば、先天に復《かえ》って十五となることを示唆しています。

よって、これまで積み続けてきた業すなわちカルマは後天の世において作ったもの、つまり、これまでの輪廻に因るものですから、天道の『得道』を先に授かって因縁解脱しておいて、そして心身自体を先天に戻しておけば、先天には因果というものは存在しませんから、以後の人生で受けるとされる因果は次第に薄れて、恐れがなくり、安心立命を得ることになります。

以上の理屈を南宋《なんそう》の大哲学者、朱子《しゅし》は、「**天下《てんか》の理《り》を窮《きわ》め、人《ひと》と物《もの》との性《せい》を尽《つ》くし、而《しこう》して天道《てんどう》に合《あ》う。此《こ》れ聖人易《せいじんえき》を作《つく》る究極《きゅうきょく》である**」と、天地宇宙の真理を言い表されています。

「易を作る」とは易を解き明かすという意味で、易でもって天の理を窮《きわ》めれば、人間が求めているところの「究極」の境地・極楽涅槃《ねはん》への道、すなわち極楽道に遇《あ》うといわれます。

天道は易本来の教えを解明して、『道』の根源を探るところに重きを置いています。「西遊記」の物語も「天柱《てんちゅう》」の更なる上天《じょうてん》へ直上《ちょくじょう》する極楽道である悟りの道『得道』を求めての天竺《てんじく》への旅立ちでありますから、天の『道』の真理を明らかにしています。

胎内に仙胞を宿す石

〜〜〜〜〜「西遊記・第一巻」第一回本文に

さて、この石は天地《てんち》開闢《かいびゃく》以来たえず天地の霊気《れいき》、日月《にちげつ》の精華《せいか》を受けて、長い間これに感応《かんのう》したものですから、心が通い合って、胎内《たいない》に仙胞《こども》を宿すに至りました。

そうしてある日のこと、その石がなかから裂けて毬《まり》くらいの大きさの石の卵《たまご》が一つ生まれました。

それが風を受けたため一匹の石猿《いしざる》になりました。

五官《ごかん》（耳・目、口、鼻、心臓）もそなわり、手足もそろっていて、たちまち匐《はう》ことを覚え、歩くことを覚え、東西南北の四方を順々に拝みました。

「この石は天地《てんち》開闢《かいびゃく》以来」とは、天が根を持つ、つまり「一」という万有のエネルギーが現れて「天地《てんち》の霊気《れいき》」つまり陰陽の二つの気となり、その陰陽の気の力が「日月《にちげつ》の精華《せいか》を受けて」、そして永い年月を経て、だんだん発展して、次第にあらゆるものが誕生したわけですが、ここでは「永い間これに感応したものですから」とあります。

以上の過程《かてい》は、天が万物を造り始めた、天がすべてを生み出し始めたということになります。

これは天の一點からこの世に陰陽の気が誕生したということですが、これを大極《たいきょく》といいます。

そして、その陰陽のさまざまな働きが次第に大きくなって宇宙空間に混沌《こんとん》として充満していきます。その働きがさらに発達して、天地自然の作用となり、宇宙を形成することになります。

これを皇極《こうきょく》といい、易では「一は二を生じ、二は三を生じ、三は万物を造る」と説かれます。この陰陽という作用が天より出て、そしてこの陰陽からまた多様な発展が生ずるという思想は、中国においては古から聖人が伝えられてきた思想で、陰と陽というのは動と静という意味でもあり、また強と弱という意味にもなります。つまり世の中のあらゆる変化、あらゆる差別や違いの根本が陰陽であると考えられるということから始まって、この陰と陽という二つの気が種々に働いて、そして万物が生ずるにあたっては、まずはどういうものになって現れるのかというと「五行」、すなわち木・火・土、金、水の五つであるということが、古くから考えられていました。

それで、この陰陽五行《いんようごぎょう》の気がさまざまな象《かたち》でもって結びついたりあるいは離れたりして、天地間のあらゆる物を生じたりするということから、人間の身体というものも要するに、この木・火・土、金、水の五つの作用が相集まってできていると教えられるわけです。

ですから、本文の「**心が通い合って、胎内《たいない》に仙胞《こども》を宿すにいたりました**」ということは、天の一點は天の働き、つまり天の心であるわけですから、人間をはじめ、この世のすべてのものは神の懐《ふところ》にあると考えれば、当然天の性《こころ》である陰陽五行の気が宿っているといえます。

性命《せいめい》の誕生は、日月星辰《にちげつせいしん》の永《なが》い永《なが》い繰り返しがあって初めて存在し得るものですから、当然天の霊気《れいき》が浸透《しんとう》してということになります。

本文に「**その山の頂に一つの石がありました**」とありますから、この石は花果山つまり「**忉利天**《とうりてん》」に在る石ということになります。

つまりこの石は性命の本となる花果山の石ですが、これは天地創造の過程における宇宙の星は皆岩石《がんせき》（鉱石《こうせき》）、つまり石でできていることから、性命の誕生もそのように見立てたのではないでしょうか。

続いて本文に、

「そうしてある日のこと、その石がなかから裂けて、毬《まり》くらいの大きさの石の卵が一つ生まれました」とあります。

これは霊根の誕生を表していますが、霊根は金剛石（ダイヤモンド）といわれ、どのような状況にあっても、どのような条件下にあっても、極めて堅固で壊れないとされ、不滅のもので、また金剛ということばは仏界・天堂の象徴とされて金剛佛、金剛身、金剛界、金剛曼荼羅、弥勒金剛、金剛蔵王、金剛不壊《ふえ》などに見られます。

つまり、その原石が「**毬《まり》くらいの大きさの石**」を生んだわけですが、その「**卵**」の字源はというと、生命の誕生は陰陽五行からということで、大極図にその字源を見ることができます。

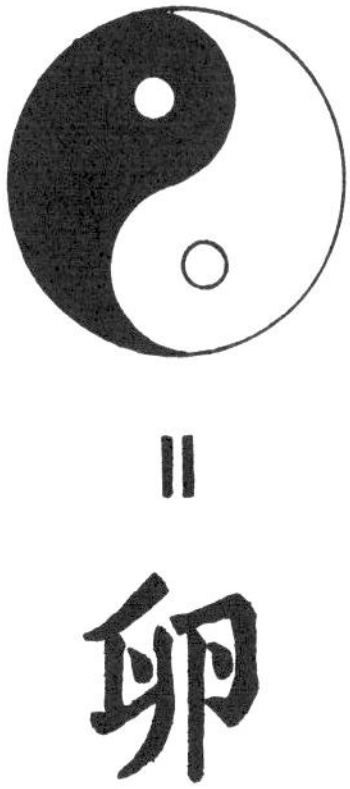

それが風を受けて

〜〜〜〜〜〜〜〜〜〜〜〜〜〜〜と本文にあります

「風」は空気、それが動くと「風」と変わり、そしてその働きが天地に自然を起こして万物を育んでいますから、「風」は宇宙創造の根源の働きの延長線上にあるともいえます。

宇宙創造の折には温かな陽の気は冷たい陰の気にふれて固まり、岩石となり、その岩石となっていく過程において、陰陽五行《ごぎょう》の木・火・土、金、水が含まれている種々《しゅじゅ》の元素《げんそ》を取り入れながら形成されていきます。ですから岩石は長い歳月の中にさまざまな元素が含まれて凝結《ぎょうけつ》し、金銀銅やダイヤモンド、トルコ石、ヒスイ、ルビーなどの原石を含んだ鉱石《こうせき》となるのですが、すべてこれらは「風」に因る作用の産物と考えていいのです。

その「風」が天地の間に存在するところの天の『道』と考えれば、その働きが自ら現れて、そして「物と為る」すなわち万物と為り、またその生命体にもその働きが宿るという考え方も当然できてくるわけです。このような思想は中国でも、インドでも仏教の起こる以前からも存在していて、インドでは「地水火風《ちすいかふう》」といい、この四つが絡み集まってあらゆるすべての物を生成し、また人間の身体も形成したといわれます。

それで人間の身体があまり健全でないことを「四大《しだい》不《ふ》調《ちょう》」といいます。

つまり「地水火風」を「四大」というのは、物質を構成する元素のことで、「大」という字は辞書には、

(大0)
【大】㊎㊔ 日呉ダイ 漢タイ 圏dài 漢タ 呉ダ 圏dà ―おおき-い おおいに おお
二 タイ 圏tài

解字 象形。人が両手足をひろげて立ちはだかった形で、「おおきい」意を表す。

意味 日①**おお**き-い(おほい-なり)。おおきさ。大きなもの。↕小。(ア)形体・面積・規模または容量などが大きい。広い。長い。ふとっている(太)。「巨大・広大・肥大」(イ)数量が多い。あまた。ゆたか。「大概・大旨」あらい。そまつな。「粗大・大布」②とうとい(尊)。りっぱな。尊称・美称として上に添える語。「大王・大駕《タイガ》」③順序の首位。↕中・小。④はじめ。おおもと。＝太。「大一」⑤たっとぶ(尊)。重んじる。⑥ほこる(誇)。おごる。「不㆔自大㆓其事㆒」〔礼記・表記〕⑦**おお**いに(おほいに)。さかんに。はげしく。「大敗」⑧『仏』物質を構成する元素。

④はじめ、おおもと、⑧物質を構成する元素、とあるように、「大」は宇宙創造の根本を意味していることがわかります。そのようなことで、生命を有するもの皆動植物は空気を吸い、そして生成化育されていますが、その空気を自然界に循環運行させていくのは「風」、つまり空気の働きは風と考えていいわけですから、その風の字を見てみますと、几《かぜかんむり》、ノと**虫**の三文字で構成されていますが、ここでは**虫**の字の意味に注目したいと思います。

(虫0)
【虫】 教 当　むし

Ⓐ【虫】キ 尾 huǐ

Ⓑ(虫12)【蟲】漢チュウ 東 chóng

意味 Ⓐ『動』まむし。＝虺《キ》

Ⓑ①**むし**。昆虫《コンチュウ》類の総称。②動物の総称。羽虫《ウチュウ》（鳥類）・毛虫《モウチュウ》（獣類）・甲虫（亀《かめ》）・鱗虫《リンチュウ》（魚類）・裸虫（人類）の称がある。③→虫虫　国**むし**。(ア)人体の寄生虫・害虫。回虫など。(イ)人の体内にいて意識や感情を起こすと考えられたむし。(ウ)子供の癇《カン》。「虫気《ケむし》」(エ)人をあざける語。「弱虫」

虫の字の意味で注目すべきは、②の動物の総称というところで、四生六道輪廻の中の毛虫（獣類・胎）・羽虫（鳥類・卵）・鱗虫（魚類・湿）・甲虫（亀・化）、裸虫（人類）の五種が皆虫であるといわれる点です。つまり三界の霊界の中で、姿形のある生き物は虫類に属しているということになります。そして**几**という字は宀《ウカンムリ》と同じく、宇宙の冠《カンムリ》と考えれば、几の中のノは「の」と読み、その指事は「右から左下へ至る」で、及んでいくという象になりますから、天より下された**虫**と、解釈ができます。

また取り分けていえば、空気を必要とする生命体は、朽ちて腐り始めると虫がわいてくるという現象からみても、風のその影響には、はかりしれないものがあります。

つまり「**それが風を受けて**」とは、そのような事情があって「**一匹の石猿となりました**」となります。

そして五体満足、つまり「**五官（耳・目・口・鼻・心臓）もそなわり、手足もそろっていて、たちまち匐《は》うことを覚え、歩くことを覚え、東西南北の四方を順々に拝みました**」という解釈ができます。

つまり、この話は「**一匹の石猿**」ですから、動物は誕生と同時にはうことも、歩くこともできますから「**東西南北の四方を順々に拝みました**」というところも納得できます。

天地の精華とその世界

〜〜〜「西遊記・第一巻」第一回本文に

すると、その目から金色の光がふたすじ飛び出して、天界の宮殿に差し込み、玉帝《ぎょくてい》（天帝《てんてい》）を驚かせることになりました。

〜〜省略〜〜〜（四行飛び）

「臣《しん》ら、聖旨《せいし》を奉《ほう》じて、金色の光の出処《しゅっしょ》をしらべましたるところ、これは、東勝神州《とうしょうしんしゅう》の海の果てに位する傲来国《ごうらいこく》に花果山《かかざん》という山があり、その山の上に一つの仙石《せんせき》がありまして、その石が一つの卵を生みおとし、それが風を受けて、一匹の石猿《いしざる》になり、かの地で四方《しほう》を拝みました。するとその目から金色の光が飛び出して、この宮殿に射し込んだものでございます。〜〜以下省略〜〜

すると、帝《てい》は寛大《かんだい》に「下界の物はすべて天地の精華《せいか》から生まれたものであるから、あやしむに及ぶまい」と仰《おお》せられた。〜〜止話の内容は、面白く怪奇的《かいきてき》に演《えん》じるという講釈《こうしゃく》の中で語られていますが「**下界の物はすべて天地の精華から生まれたもの**」と玉帝（天帝）は仰《おお》せられています。

「**天地の精華**」とは、天と地の一番優《すぐ》れたもの、すなわち才能、能力でもって「**下界の物はすべて生まれた**」といわれます。しかし私たちは決して現実からかけ離して難しく考える必要はありません。目の前の一つ一つにその働きが現れていますから、例えば草が一本生えていても花が一輪咲いていても、これをよく見るとこの一本の草の中にも、また一輪の花の中にも天地自然の不可思議な働きというものが宿っていることに気づくはずです。

これは神の働きといってもいいし、天地の働きといってもいいし、運といってもいいのです。

つまり天地万物の起こってくる、そのすべてのものには根源という根本があるからです。その現実の中に深い自然の営み『道』が現れていることを悟ることができれば、玉帝（天帝）の言葉が理解できるかと思います。

神の力が現れて天地万有《ばんゆう》となり、そして日々のあらゆる出来事になるわけですから、どんな小さなものを見ても、どんな小さな働きを考えても、そこには広大無辺《こうだいむへん》なる神の力が必ず現れています。

深く考えて、深く物事を観ていくことができれば、私たちの世界のどこかしこにも神の偉大な力が現れていることに気づくはずです。

宇宙は、突然のビックバン（宇宙のはじめにあったとされる大爆発、またそれによる宇宙《うちゅう》開闢論《かいびゃくろん》）によって誕生したとされる科学的な理論であれば、宇宙には秩序という理屈、すなわち法則はまったく存在しないことになります。

不変の順序正しい秩序という厳然とした天の理《みち》があるからこそ、私たちは安心の中にいて、そして思い思いに暮らすことができるのですが、もしも明日が不可解であれば、人々は安心して眠りにつくこともできません。

ところがその意に反して人を教え導くところの宗教の教義には、その根本とする宇宙真理が正しく伝わっていません。

ただ人の途《みち》としての生き方や暮らし方が説法されていて洗脳的《せんのうてき》であるのは、利己的で間違った理屈の中に群集心裏《ぐんしゅうしんり》（心の欲、求める心）を取り入れての教えになっているからにほかなりません。このようなことでは正しい『道』を追い求める多くの人たちが、安堵《あんど》して落ち着ける居場所が、いつ見つけ出せるか疑問です。

「西遊記」は、そこのところを物語の中に語って聞かせようと、聖人三蔵法師の教えを織り込んでいます。

つまりそれは「**その目から金色の光がふたすじ飛び出して**」それを天帝は「**下界のすべては天地の精華から生まれた**」と仰っていられますが、これをこのまま読み過ごしてしまうと、面白みだけで終わってしまい、聖人の教えを無にしてしまうことになります。

そこで「**天地の精華**」といわれるところの「**下界のすべては**」、「**二目《にもく》の世界**」だと解釈すると、その実情《じつじょう》が見えてきます。

つまり「**その目から金色の光がふたすじ飛び出して**」というところを飛躍して解釈すれば、「**二目《にもく》の世界**」、それはこの世に住まう人類並び胎《たい》・卵《らん》・湿《しつ》・化《か》（動物類・鳥類・魚類・虫類）の大方には二つの目が備わっており、視力《しりょく》の能力《のうりょく》は別として、その二目から光が放たれているということは既に知れています。

その二目でもってものを見、ものを測《はか》り、ものを感じ取ってその内容や事態の状況を判断するのですが、人間に限っていえば耳も鼻も口（上下）も手も足も、そのすべては二つ、つまり陰陽の両極《りょうきょく》から創造されていて同様の働きが為されています。

目の中は白と黒ですが、この世は陰陽の世界ですから、一方の白目《しろめ》だけ、または黒目《くろめ》だけではこの世、陰陽の世界（人間世界）のものは決して見ることができません。

ですから目の字の中には「二つ」の線が引かれています。

従い陰陽の世界では、あくまでも二目でなければ物事が成り立たないという観点から考えてみると、一方だけでは成り立たない、両方があって初めて成り立つといった世界であることが伺えます。すなわち苦と楽、貧乏と金持ち、貧困と豊か、病気と健康、無名と有名、労働者と管理職、民と国家、さらには上と下、右と左、表裏、近い遠い、勝ち負けなど、この世の事物は相対《そうたい》する一方と一方というものがあって成り立っています。

そのような陰陽の人間世界に在って人々は生から死への一途《いちず》に命を懸《か》けています。人生の行《ゆ》く末《すえ》に望みを掛けて、日々、有益に生き抜くために人々は、陰（苦）の一点と陽（楽）の一点を結びつける一線上に暮らしていることになります。

「**天地の精華から生まれた**」とはいえ、空手で生まれてきて、そして空手で終える人生では、実にはかないものです。

それはこの先いかに時勢《じせい》が変わっても、千万年を通して変化するものではありません。

そのような「**天地の精華**」に居続けている限りは、因果に従い、そしてさらに因果を摘み続けて、生年月日時に秘められた宿命に従って**地獄途**を生きていかなくてはなりません。

「**精華**」の世に存在する限りは、天が定めた因果律から逃れることはできませんが、本性《たましい》は神そのものですから、当然「**精華**」の源に帰る『道』があっていいわけです。

それは二目の中心に、もう一点、心の目の一點を授かるという秘法です。

すなわち、その中心の一點を授かれば、中心の一點でもってこれまで二目の二点では直線（楽から苦、苦から楽）しか描けなかった人生が、中心を入れて三点になれば完全な円（円満・順調）が描けるようになります。

これを易では『三でもって円を描く、◯』といいます。

太陽は宇宙の中心に居て周囲を廻らせて、円形の宇宙を創《つく》っているように、二目の中心に、もう一つ目を入れると、その目が中心となって円が描けます。

これを仏教では『円覚』、円満で欠けたところがない佛の悟りをいいます。

わかりやすくいえば、神佛の頭上に光輪《こうりん》が輝いているのは中心の心つまり中心の一點より顕《あらわ》れた光の輪な

『二点の中心に一点を得ると、円が描ける』

のです。

天道では『得道』において點伝師《てんでんし》が一竅《いっきょう》を授ける時、男命の場合は、

「燈光照耀在眼前《とうこうしょうようざいがんぜん》、二目瞳神來発現《にもくどうしんらいはつげん》（目の前の**老中**《ラウム》さまの燈火《ともしび》を見つめなさい。二目の瞳《ひとみ》に神の目が出現します）』と唱えます。

女命の場合は、

『二目要回光《にもくようかいこう》、一點真太陽《いってんしんたいよう》（二目に一點の真太陽の光が回る）』と唱えます。

この點伝師の経に依って現世の後天から先天の理天極楽へ帰る道が完成します。

従い、人は點伝師の一竅を授かると、心の土台が定まってきます。

心がしっかりしてくると、その吾が心を立て直したことで、これまでの輪廻転生上において作った数々の罪過があっとしても、過去の因果は次第にして消し去ることができます。

その**地獄途**から抜け出すために悟りを開く、すなわち吾が心の『中心の一目』を求めての旅路が「西遊記」の話であるわけです。

三陽交替《さんようこうたい》して群生《ぐんじょう》を産《う》み

「西遊記・第一巻」第一回本文に

三《さん》陽交《ようこう》替《たい》して群《ぐん》生《しょう》を産《う》み
仙《せん》石《せき》の胎《はら》に日月の精《せい》を含ましむ
卵《こん》を借り猴《こう》と化して大道を完《まっと》うし
他《かれ》が名《めい》姓《せい》を仮《か》りて丹《たん》（不老不死）の
成《な》るに配《はい》せしむ
内《ない》　不《ふ》識《しき》を観《かん》ずるは無《む》相《そう》に因《よ》り
外《げ》　明《めい》知《ち》に合《がっ》すれば有《ゆう》形《けい》と作《な》る
歴《れき》代《だい》の人《ひと》人《ひとみな》皆これに属《ぞく》し
王《おう》を称《しょう》し聖《せい》を称《しょう》し縦《じゅう》横《おう》に任《まか》す

「**三陽交替して群生を産み**」の「**三陽**」に関して、この用語《ようご》は天道（道教《どうきょう》、儒教《じゅきょう》）においてのみ教えられるもので、他の教えの教義にはありませんが、これは人間世界始まって以来の歴史の変遷《へんせん》を大きく三つに分けて、青陽《せいよう》期、紅陽《こうよう》期、白陽《はくよう》期といわれるものです。

「西遊記」著作の時代はその紅陽期にあたりますが、著者が「**三陽交替**」と述べられているところから見れば、きっと天道に精通した方だと思われます。

その「**三陽交替《さんようこうたい》して**」の後に続いて「**群生《ぐんじょう》を産《う》み**」となっているところから察すれば、これは易で言われるところの「一は二を生じ、三は万物を生ずる」という教えに沿《そ》って天の道を指し示しています。

ちなみにこれは神々の時代から人間世界に移っての最初の頃、つまり「**三陽期**」の最初、青陽期に入って、そして人間世界はあらゆる万物が盛んに繁殖し始めた頃のことを言い表していることになります。

そして「**仙石《せんせき》の胎《はら》に日月《にちげつ》の精《せい》を含《ふく》ましむ**」は、これまででも解釈していますが、判り易くいえば「**仙石の胎**」を母体とすれば、その胎児《たいじ》が母胎の中に居る十月十日の間は「**日月の精を含ましむ**」という解釈ができます。

そして「**卵を借り猴と化して大道を完うし**」の「卵」は陰陽（黄身と白身）を意味しま

すが、「西遊記」本文では、その両方が交ざり合って生命体「猴」が誕生したということになります。

また本文での「**大道を完うし**」というのは、「猴」がこの世に誕生してそして不老不死の境地に至る「**大道**」との縁、つまり「道法」を授かって、そして仏界・天堂に帰ることがかなったということになります。

つまり「大」という字の意味は、はじめ、おおもと、とあるように「**大道**」とは、この世を理法でもって創造した元の世界、『理天』極楽からの『道』を意味しますが、『理天』という名称は、これまでの人間歴史の中では公にされていない世界で、一般には涅槃あるいは極楽と称せられて伝えられているにすぎません。

『理天』極楽は聖人に位する者しか知られていない不老不死の仏界・天堂といわれる神佛が住まう世界のことですが、その真意は『道』の字の上の首の字義、つまり「はじめ」にその存在が認められます。

ですから「**大道を完う**」するということは、つまり天地創造の親神の居らせられる、この世の「**首**《はじめ》」つまり、始まりの『理天』極楽を目指して、しっかり「**大道**」をおさめる、なしとげる、といった使命感が漢字の意味から知ることができます。

（首0）【首】㊎ 呉シュ 漢シュウ（シウ） 日 有 shǒu ｜くび 二 宥 shòu ｜こうべ

解字 象形。 顔の目の上に毛髪のある形で、「くび・あたま」、ひいて「はじめ」の意を表す。

意味 一 ①くび。こうべ（かうべ）㋐あたま（頭）。頭部。「首級」②おさ（をさ）（長）㋐かしら。統率者。「党首」㋑きみ（君）。かみ（上）。「元首」③はじめ。㋐はじまり。最初 ↕尾。「首尾」㋑さき。先頭。「巻首」㋒かしらの。最上位。「首席」④最初に。初めて。⑤はじめる（始）⑥もとづく。よりどころとする。⑦かなめ（要）。要領。重要な点。

従い「西遊記」の旅の目的は大道を完うして、そして「運命を全うする」と付け加えると、その意味合いがハッキリしてきます。

ちなみに完と全の字の意味の違いは、

(宀4)【完】教 常 漢カン(クヮン) 寒 wán ｜まった-い

意味 ①まった-い(-し)。欠けたところがない。そなわる。申し分ない。「完全」②まっとう-する(まったう-す) (ア)たもつ(保)。しっかりまもる。そこなわない。「完璧帰趙」〔史記・藺相如伝〕(イ)果たす。なしとげる。「完遂」(ウ)おさめる(治)。

(入4)【全】教 常 (入4)【全】 呉ゼン 漢セン 先 quán ｜まったく

意味 ①欠損のない玉。純玉。②まった-い(-し) (ア)きずや欠点がない。「完全」(イ)そろっている。「全能」(ウ)さわりがない。無事である。「安全」③まっとう-する(まったう-す) (ア)ととのえる。(イ)きずつけずにたもつ。(ウ)無事にやりぬく。④まったく。(ア)すべて。みな。

と解釈されており、完と全との意味合いは同じように思えますが、根本的には大きな異なりがあります。

つまり「完」と「全」となると、物事をミスなく行い終えることが「完」、そして「全」は、すべてがなった、調ったという、終局を指し、極致的《きょくちてき》な意味となります。

従い「運命を全うする」という言葉に対して、俗世間では「運命は変えられる」と解釈していますが、これは全くの誤りで、「全うする」という言葉の場合、決して変えることができないという意味となります。

ですから「運命」とは「命を運ぶ」という以外に解釈はなく、そして「全うする」となると、どこに命を運べば「全うする」となるのか、すなわちそれは『理天』極楽の仏界・天堂に帰ることが「運命を全うする」ということになります。

そのように「運命」という言葉は「命を運ぶ」と解され、まことは生まれは死に、死しては生まれるといった輪廻自体を意味しますが、その輪廻するその理由は「全うする」つまり、やり遂げる迄という極致に至らなくては「全う」という言葉は成りません。

ところが、この世に下ろされた大方の霊根は、どうしたことか三界を廻り続けて四生六道輪廻を強いられるが如く廻り続けています。

これは「逆旅」といって、『理天』からますます遠のいていってしまう、まことに先の知れない旅を続けているという意味にも解釈されます。

人は生まれ変わっては、誰々さん、誰々さんと「**他《かれ》が名姓《めいせい》を仮《か》りて**」、そして死しては**地獄途**を廻り廻って、再び時期が来て、人間に生まれては「**他が名姓を仮りて**」そしてそのように生まれては死し、死しては生まれるといった、誤った途《みち》の四生六道輪廻を繰り返し続けていると……、本来の仏性《ぶっしょう》もいつの間にか薄れてしまい、神の資質を持ったその本性も、この世での欲望を満たすだけの欲心《よくしん》と化してしまい、ごく自然に名利恩愛を追い求めるようになってしまっています。

死期《しき》がめぐれば首から上にある七つの穴（眼2・耳2・鼻2・口1）から霊は出でて、そして人生途上を終え、三途の川を渡り、冥途へと旅立ちそして四生六道輪廻へと流れいくといった**地獄途**に入り込んでしまい、今では、自らの功徳でもって輪廻を止めることができない状況に陥《おちい》ってしまっています。

以上から察して「**他《かれ》が名姓《めいせい》を仮《か》りて**」の言葉は、禅宗の道元禅師《どうげんぜんし》が「正法眼蔵《しょうぼうげんぞう》」に、

「毎日毎日時間欠かさず瞑想してそして一生を終え、また生まれ変わっては毎日、毎日、時間欠《か》かさず瞑想《めいそう》して、そして一生を終《お》えといったことを、幾十姓《いくじゅうせい》も繰り返しているうちに、佛《ぶつ》に近づくことができる」

と説いていることと合致《がっち》します。

ところが、その**瞑想**は「瞑《くら》きを想《おも》う」ですから、冥途を意味していて輪廻から逃れることはかなわないということが、瞑想という熟語には示唆されています。

「西遊記」の本文では、いつの日かその輪廻から逃れて因縁を解脱《げだつ》して「**完**」となり、そして「**丹**《たん》（**不老不死**）」の極致つまり、霊のふるさとである『理天』極楽へ帰ることが、

道法『正法』によってかなえば、運命を全うするということで、「**丹（不老不死）の成るに配せしむ**」と詩《うた》っています。

つまり「**成るに配せしむ**」とは、輪廻転生をし続けて、あらゆる姓（苗字）のいずれかの家に生まれ、そしてその家の姓を名のっていたとしても、いつかは「**不老不死**」の『理天』極楽に帰ることがかなう所に配慮されて生まれ、縁を結ばせるという意味となります。

ちなみにここでは「**丹（不老不死）**」と記されていますから、道教でいわれる金丹は不老不死の丸薬《がんやく》ですから、その縁を結ぶ不老不死の丹とは⊙のことで、⊙が暗示されていることになります。

⊙は天道でいわれるところの無極の一點で大宇宙の中心を意味し、小宇宙といわれる人間でもって言えば、人間誕生の折、霊根が身体の中心から入るその入り口つまり霊《れい》の正門《しょうもん》・玄関《げんかん》のことを指します。

つまりその無極の一點は、一を縮めれば點（・）となるという観点から「一」と「點」を絡めて一點とそういわれるわけですが、また一の両端をつなげば丸く円を描くことができますから、天道においては天地開闢《かいびゃく》時の元始の一點、すなわちそれを記号で示せば⊙となると、明らかにされています。

その「點」の字を描き出した字と字の組み合わせには、必ずといっていいほど、その抽象《ちゅうしょう》つまり個々別々の事物《じぶつ》の里、灬、占などから、それらの持つ特異性《とくいせい》を寄せ合って、そして全部のものに共通するところの要素を描き出す象《かたち》、あるいは体《たい》を為すといったものが必ず具《そな》わっています。これを具象《ぐしょう》、具体《ぐたい》と称しますが、漢字というもののその内容が意外にも分かりやすく、解字でもって表されています。

そのように字を構成している具象をよく見れば、點から点への字の変化は、また霊の字にも見られます。

それは漢和辞典の霊の字（三九頁参照）に見られるように、過去をさかのぼれば𩆜→靈→霊へと変化してきていることがわかります。

そのように物事の根本を突き詰めていけば、人間歴史の中において性命究極《せいめいきゅうきょく》の道筋が、いつの日からか葬《ほうむ》られていることを垣間見ることができます。

これは真実を語るべく天道にとっては、まったく理屈に合わない、とんでもないことですが、しかしそれは時代の波に押し流された結果かもしれません。

歴史上の遺跡と同様に、字でもってその本質を解明していけば、そこに真実の『道』が明らかに輝き出すことは間違いありません。

また漢字と同様に、人間の歴史の中にかき消されてしまった事柄《ことがら》は万《まん》とありますが、上天《じょうてん》から授かった本性《ほんせい》すなわち人間の霊のその資質（神）を明らかにすることが大切です。人間の性命にとって見逃すことができない人間究極の極致、仏界・天堂の『理天』極楽への『道』が、無知迷妄《むちめいもう》でもってかき消されてしまっては、霊のふるさとに還《かえ》ることがかなわなくなってしまいます。

霊に姿形《すがたかたち》があって対応することができるものであれば、霊《たましい》の解明は既に極に達していて、その真実の『道』は明らかになっているはずですが、霊は姿形を見ることがかないません。

そのようなわけですから、精神世界を哲学とする学識《がくしき》経験者のその語らいは、形象《けいしょう》の世界（□）の中は語れても、「哲」の字には口の上に折れるという字が乗っかっている限り、天地創造の『道』すなわち事物の原点である「無極の一點」を悟ることは不可能だといっていいでしょう。

形象世界の人間にとっては探究《たんきゅう》できないもの、知識外のもの「無」であるからです。

天は姿形のない『大道』を、姿形にして人に託せば、人から人への『道』の伝えはいずれの日にか、かき乱されてしまい、その形跡《けいせき》は塵《ちり》と化《か》してしまうことは当然わかっていたはずです。

そこで、時の聖人から時の聖人へと『道』の真髄《しんずい》は、時代の流れの中に、天機《てんき》（天の秘密）として、単伝《たんでん》（聖人一人から一人）でもって他に漏《も》らすことなく今日まで伝えてきたのですが、しかし聖人とはいえ、人間である限り、不測《ふそく》の事態《じたい》に遭《あ》わないとも限りませんし、亦《また》、その人生には生老病死・憂悲苦悩は憑《つ》き物《もの》ですから、天は完全を記すために、この世のありとあらゆる事物を語ることができる漢字に『道』の真髄《しんずい》をひそませたのです。

天の**理**《すじみち》を司る『道』は、この世の万象万物を創造し、そしてさらには性命誕生の役目を果たしてまことに限りがありません。

『道』の字の上に乗っかっている「首」の字には統率者《とうそつしゃ》、君《くん》、上《かみ》とあり（一四頁参照）、この世を統率支配する主《ぬし》が道の字には描かれていることになります。

その天地創造の主が物事を始めるには、まずは原点となる『一點』の働きがあって初めて創造の原理が働くことになるのですから、この世の何事も、まずは最初と称せられる出発点、発端《ほったん》といった一點の働きあるいは一粒の芽生えがあって、そして始まりとなるのは理の当然であります。

ですから**點**という字に**甲**《ラウム》の**里**《さと》が描かれてあるのは、**里**の『一點』が性命と森羅万象万物の発祥の本である『理天』極楽つまり仏界・天堂と称される里に他なりません。

中の里は無の世界ですから、姿形はありませんが、中は南無阿弥陀佛あるいは南無阿弥陀如来とも称されて無量寿《むりょうじゅ》、無量光《むりょうこう》、無制限、無限大の超エネルギーを有している神様でありますますから、天の一點の働きが『道』となって森羅万象《しんらばんしょう》を創造して万物《ばんぶつ》を生《せい》成化育《かいく》し、そして人間の性命をも育んでいくことができるのです。

その全知全能《ぜんちぜんのう》の主は誰であるかを知らしめるために作られた文字が、點という字であるということになります。

つまり無はあくまでも無であって有ではないので、天地創造の始まりとされるところの有形のもの、すなわち原点とされる一點がまず認められなくてはなりません。

これを天道では無極《むきょく》の一點《いってん》、⊙の発現と称しますが、この無極の一點がひとたび働き始めると、これまで時間の流れも空間もなかったところが一変《いっぺん》して、時間空間の形象世界が出現《しゅつげん》することになります。

これを天道では「天地未《てんちいま》だ分《わ》かれざる前《まえ》の元気《もとのき》、混《こん》じて一《いち》となり、大極《たいきょく》となり、大極《たいきょく》動《うご》いて陽《よう》を生ずる」といいます。

ですから點の字の灬《れっか》は火で、この世を維持する熱源、その上に君臨《くんりん》する里《さと》は灬の熱気をもって森羅万象を廻らせ、そして万物を生成化育しています。
點の字の灬《れっか》は次の如くで、

火　ひ　ひへん
灬　れっか　れんが

火をもとにしてできている、火の光や状態、火や熱の作用・結果を意味する文字のほか、灬を目やすにして引く無・為・燕などの文字を集める。灬は火が文字の脚になるときの形。

その熱源の始まり、つまり天地創造の始まりを十二支《し》で言えば「子《ね》」、天地の数になぞらえると子の会（一万八百年間）、それは大宇宙の始まり、つまり時間と空間の始まりでもあります。それにこの世は空ですが、色の世界ですから、時間の流れ、そして方位のそれぞれに色が付けられています。

子の位置する北方水運《ほっぽうすいうん》の色は「黒《くろ》」その黒の字にも旧字、黒の字があります。

この点についていては、釈迦の涅槃図《ねはんず》は「北枕《きたまくら》」となっています。

つまり釈迦が涅槃の時「頭北面西《ずほくめんさい》」だったといわれます。
これは黒に由来したかは定かではありませんが、一考《いっこう》する余地はあると思います。

(黒0)【黒】教 常 (黑0)【黑】コク 職 hēi, (hè) ― くろ くろーい

解字 会意。炎（⺣は変わった形。ほのお）の上の煙出しにすすがたまったさま（㓁。㓁は変わった形）で、「くろい」意を表す。教育漢字は俗字による。

意味 ①くろ。五色の一つ。五行の水・五方の北の色。②くろーい ↕白。【玄《ゲン》】奥深く暗い色。

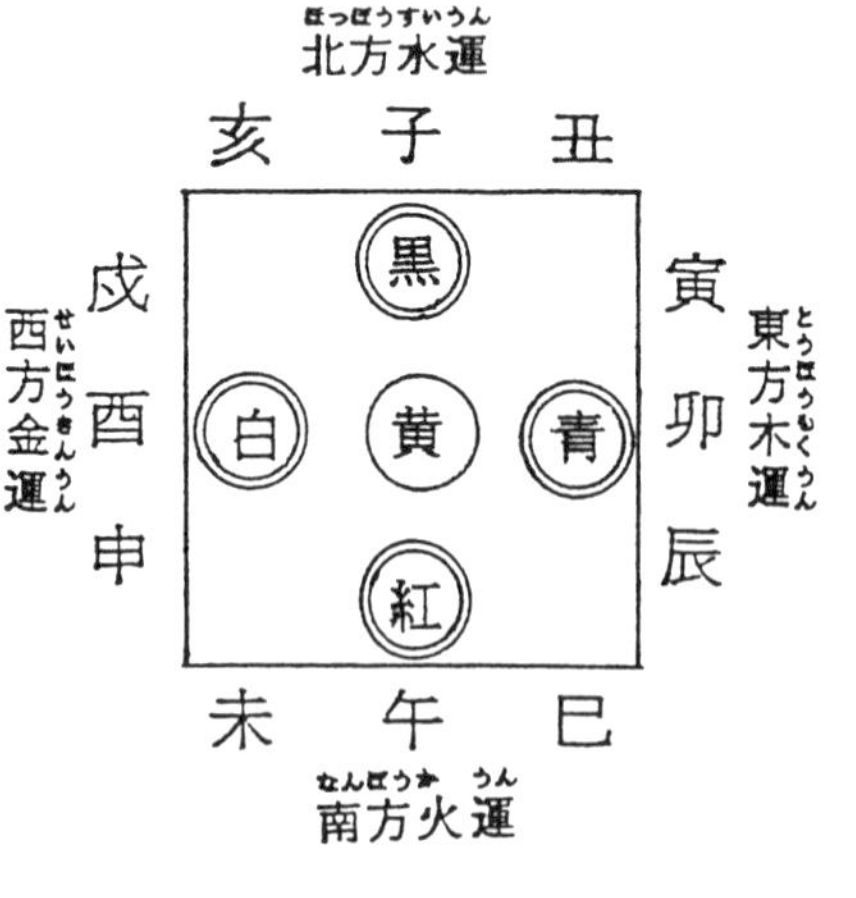

以上のように點という字を解き明かしていくと、顕《あきら》かに天地創造の道筋が見えてきます。
またさらに點の字の右のヘン、黒が体《たい》、つまり本体《ほんたい》とすれば、左の旁《つくり》、占が用《よう》で、つ

まり本体のその作用を表していることになります。

(ト3)【占】 音 セン　一 塩 zhān うらな-う　二 艶 zhàn し-める

解字 会意。古字 卜 卜と口とで、うらかた(卜兆)に神意の吉凶を判断していう、ひいて、うらない問う意、転じて「しめる」意を表す。

意味 一 ①うらな　二 ①しーめる(ーむ)(ア)場所につく。位置する。領分にする。拠る。(イ)もつ(有)。自分のものにする。保つ。②まもる(守)。

點より誕生したこの世は「占《し》める」、つまり**中**の**里**、『理天』に守られそして保たれているという世界で、**中**のもの、領分《りょうぶん》、拠《よ》り所、と告げられています。

天主《てんしゅ》、**中**の姿をいつの間にか歴史上から隠《かく》してしまって、点という省略形の当用漢字を使用するようになった結果、天地間に霞《かすみ》がかかったが如く、天の『道』は悟り難くなったのかもしれません。

従い人界《じんかい》の「里」という字には旧字がありません。

（里０）【里】㊖㊂ リ 圏紙 さと

解字 会意。里 田（区画された耕地）に土を加えて、農地、ひいて、農民の居住地、「さと」の意を表す。

意味 ①さと。㋐むらざと。人が集まって住む所。

以上のように、漢字の意味や解字を明らかにし、そしてさらには漢字自体を構成する一つ一つの部分が何を物語るのかを解明することによって、その漢字が持つその内容が姿を表してきます。

漢字の一つ一つは天道でいわれる『理天』極楽の『理』の語らいですから、理路整然として道理が具わっているその法則の世界の姿を顕していて、根源の「天」の語らいが込められています。

その點の字の偏《ヘン》に、**中**の**里**が見られますが、**甲**の字の上位にその無極の一點がないところから、道法の『正法（得道）』を授ける時、霊の正門・玄関に明師《めいし》からの一竅《いっきょう》を授かると、**甲**の字は**中**となり、人間本来の姿「神霊」に立ち戻ることができます。

つまり「心」は神経、精神と称されているように、本来、霊は『神』であったことが悟られて、そしてさらには心の源《みなもと》、『理天』がふるさとであることが理解できるようになるからです。

よって天地創造神・**老中**の本《もと》『理天』へ、自らの命《めい》つまり霊なる吾が心を持ち返った時はじめて「**大道**」によって「運命全う」がかなうというわけです。

そのようなことから、天道の『得道』は、その玄妙関《げんみょうかん》（玄関）を開いてもらうということですが、明師の一竅は天機《てんき》（天の秘密儀《ひみつぎ》）となっています。

そして本文に

内、不識を観ずるは無相に因り

とあります。

「内《ない》」とは「内聖《ないせい》」のことで、それは吾《わ》が心《こころ》、本性《ほんしょう》、性命《せいめい》、本能《ほんのう》などと称せられ、聖《せい》なる霊を意味しています。

霊は本々**中**《ム》子《シ》と称せられて**中**の子ども嬰児《えいじ》（孩《がい》）ですが、今では霊の親、**中**を忘れ、塵界《じんかい》の人間世界に情熱を傾けて限りがありません。それが証拠に自分の人生のすべてを司る「霊なる心」が吾が身のどこにあるか、その居場所をホンのわずかな人を除いて、確かに知る人は皆目といっていい程いません。それは霊なる心が「**無相《むそう》に因《よ》り**」だからです。

つまり、姿形がないものであるからだといわれ、故に「**不識《ふしき》を観《かん》ずる**」と、つまり姿形がないものであるから、観てそして意識することもできないものだと、そのような「心」が人間の体内に存在していて、そして人は吾が人生を生きるわけですが、この心の存在を釈迦は『実相《じっそう》非相《ひそう》』といって、実際は相《かたち》はあるが、しかしその相は非《あら》ず、つまり、ないと説かれています。

それ自体はこの世のものではなく、天より『道』に拠《よ》って運ばれて、そして人間の身体の中心、霊の正門《しょうもん》・玄関《げんかん》から、つまり生死《せいし》出竅《しゅっきょう》の関門《かんもん》より体内に入って住まうものであるからです。

ゆえに、姿形なく観ずることができないのです。

その無の一物《いちもつ》は霊なる心《こころ》と称せられて、性命の誕生から死までの一生涯に携わって人生を探り、歩み続けるのです。

霊なる心は姿形はありませんが、人の言動のすべてを司るものですから、その姿はその言動に映し出されて、感じることも触《ふ》れることも理解することもできるので、また「実《じつ》相《そう》」であるといえます。ただ観えないだけです。

その観《かん》じない知ることができない吾が心を探るには、古の聖人が謂《い》われた「悟りを開く」こと、つまり天道の『正法（得道《とくどう》）』が不可欠となります。

悟りの字は「吾が心」を一文字にした字ですが、同じ心でも「人心」のままでは悟りは開くことはできません。

忄《りっしんべん》の「こころ」は中の字に見られるように、立ち上がっています。

それに反して人心の心は、応、忌、忍、忘、忽、忠、念などの字に見られるように脚に位しています。つまり「悟りを開く」には人の心を神の心である、忄《りっしんべん》に戻さなくてはなりません。

釈迦は人心を神の心に戻すには「微妙法門《びみょうほうもん》」の法があるといわれます。

その法でもって悟りを開けば、すなわち神の通力、『微妙』でもって生死出竅《せいししゅっきょう》の関門《かんもん》が開かれるということで、そして結果、奥深く神秘な涅槃《ねはん》に帰ることができるようになります。

以上の「法」は『正法』と称せられて、宗教や一般の教えには伝えることが許されていない天機《てんき》（天の秘密のもの）で、世間一般の教義には伝えられていないもの、それは「教外別伝《きょうげべつでん》」とされ、古から天が認めた聖人のみに依《よ》って伝えられてきたものですが、俗《ぞく》一般では常識外のものですから、無価値《むかち》、つまり価値なきものとされるものです。

しかし、本当はこの世において、これ以上の価値のあるものはないのですが、人は形に心奪われ、目に見えて価値あるもの以外には興味を示さないものですから、真実高価な『道』がわからずして迷いあぐねてしまうのです。

しかも、理天の理の字の王の「一」を抜かれてこの世に下ろされた霊根は今は「埋」の字に随って、死ねば土の下に埋もれ、生まれる時は母親の陰部（陰府・地獄）から誕生するといった輪廻を繰り返しています。

しかし今では『正法』は公に公開されて、誰でも求める心があれば授かることが許されています。

授かれば中は『弱き者は強く、愚かなる者は賢者《かしこきもの》となり、心の煩《わずら》い無し』と訓示されています。

吾が心を「悟り」の文字に組み替えて人生を修めれば、観えない霊なる心も神を悟ることができ、そしてこれまで認識外であった天の『道』も明らかとなり、恍惚《こうこつ》とした心境に陽《ひ》たることも可能となります。

中の『一點』を、明師の一竅《いっきょう》でもって吾が心に中の燈火《ともしび》を點《てん》していただけば、霊の正門・玄関が、つまり霊の出入りする扉が再び開いて「點」の里の字に見られる甲に、『一點』を得て中の字にすることがかないます。

それはつまり人間の霊根は中子《ムシ》ですから、当然中の心である「神の心」を取り戻さない限り、心の故郷『理天』に戻ることはできないからです。

そして

外《げ》明知《めいち》に合《がっ》すれば有形《ゆうけい》となる

とあります。

明師（點伝師）の一指でもって姿なく形のない吾が心の霊の正門・玄関を開いていただき、開眼《かいがん》した人は、これまでは自らの因業《いんごう》（カルマ）に翻弄《ほんろう》されながら暮らしてきましたが、『得道』以後つまり悟りを開いた後は、これまで「一《いち》に並《なら》ぶ」という字の「霊人」でしたが、それが神経、精神と称される人間本来の本性《ほんせい》すなわち神の位を取り戻すことによって、本来、神の心であるところの才能が次第に回復し始めます。

つまり『得道』以前の自分と、以後の自分とを比較してよく見れば、鈍《どん》な人でない限り、また世に執着が強く欲に深すぎない限りは、自身に変化が起きていることに気づくはずです。

それは事故に遭ったが無事だった、物事がスムーズに運ぶようになった、人間関係が円滑になって恐れが薄れた、悪かった体調がよくなった、これまでよくもめたりこじれたりしていた問題が解決された、また日頃の生活に落ち着きと安心が感じられるといったふうに、自分の身の回りについてこと細かくチェックして見れば判りますが、必ず、これまでにない状況や体験が起きていることに気づくはずです。

また顔立ちも二、三カ月ほどで、トゲトゲしさも和らいで円満な仏顔になっています。

まだまだすぐれた霊能の回復はありますが、それは神化といわれ、自らの才能開化に託されたもので、主に守玄《しゅげん》や『道』を学ぶことでもってその度合いは強まっていくようです。

しかし、人間としての欲望がこれまでと変わらず強いと、少々の変化もそのありがたみも自らの我欲でもって一掃してしまい、神への崇敬も次第に薄らいで忘れ去ってしまいます。

これを天道では縁あって縁なき人といいます。

このような立場の「得道者《とくどうしゃ》」が非常に多いのは残念ですが、神は一旦『得道』して、**靈**人（三九頁参照）に戻った限りは決して見捨てることなく、縁ある人と同様に等しくご加護は与え続けてくださいます。

天道は、あくまでも霊なる心の智慧を明らかにする、つまり「**明知に合すれば**」を重んじていますから、一旦**靈**人ともなれば、自らの霊なる心が実は神であったことが悟れるようになります。

そして「**有形《ゆうけい》となる**」つまり慈しみの心を「**外**」に表して、その心の悦《よろこ》びを人々に伝えて、そして人々を救霊しようと努めるようになります。

それは霊なる心にわいたその悦びが次第に胸中《きょうちゅう》に収《おさ》め切《き》れなくなってくるからです。

人は誰でもうれしいことがあると、身近な人に胸の内を打ち明けたいという衝動《しょうどう》に駆《か》られると同じで、これは巫《みこ》としての靈に目覚めた証しでもあります。

これを『道』に導くといいますが、「導」という字は道の下、寸《チョット》の二文字ですが、一方寺という字は土の下に寸、すなわちこの因果は将来極楽への「道」か、輪廻する地獄への「途」の違いとなって現れてきます。

また「**歴代の人々皆**」という言葉は、普通一般の人を指してはいいません。

特定の人を指しています。つまり古代からの聖人たちということになります。

世に聖賢仙仏と称される方々は、かつて人間のおり出家受戒《じゅかい》し、名誉、利欲、財欲、権力、恩恵、愛情、酒、色、気煙（タバコ、麻薬）贅沢《ぜいたく》などの欲望の一切を断ち切るべく深い山の古洞にこもったり、あるいは食を断ち座禅瞑想したり、滝に打たれたりして、精・気・神を煉って全神経の無我三昧をはかり、そしてそのような言語を絶する艱難辛苦の行を十数年、二十数年と重ねて、生死解脱の道である**極楽道の法**を求めたのです。

この場合の極楽道の『道』は普通一般的な道ではなく、生死の輪廻を断ち切り、神佛の位に登り、一切の煩悩・苦厄から解脱する『道』を指します。

つまり他の人よりも早く、極楽に上る『道』があることを覚って、そして彼岸の『道』を求めて、長年の辛苦を重ねたのが聖人賢人といわれる方々ですが、本来、**極楽道**すなわち彼岸への『道』は天地開闢以来存在していたのですが、世には決して顕《あらわ》さず、唯一天が認めた聖人たちのみにその『道』を伝えただけでした。

そのように天の『道』、**極楽道**は、人間では最初に伏義氏《ふくぎし》に伝えられ、次いで神農《しんのう》・黄《こう》帝《てい》へ伝えられました。以上の三王を三皇《さんこう》と称しますが、その後五帝《ごてい》が引き継ぎます。

つまり、少昊《しょうこう》、顓頊《せんぎょく》、帝嚳《ていこく》、堯《ぎょう》、舜《しゅん》の五帝君です。

帝王から帝王に伝えられた唯一無二《ゆいいつむに》の**極楽道**は道法『心法《しんぽう》』と称されて伝わり、そして時の聖人、道教《どうきょう》の老子《ろうし》、儒教《じゅきょう》の孔子《こうし》、思子《しし》、曽子《そうし》、孟子《もうし》に『心法』は『一貫道《いっかんどう》』と名を変えて、師資相承《ししそうしょう》されて伝えられますが、孟子以後継承《けいしょう》する聖人がなく、中断してしまいます。

そして、その四百余年の後、仏教の開祖、釈迦が誕生して道法を継承し、そして『正法』と名を変えて、そして二十八代の弟子へと道は伝わるわけですが、以上のように『道』を秘密裏《ひみつり》の中《うち》に伝えていく聖人たちもまた艱難辛苦の苦行難業を重ねながらも、さらに王の字の靈となるべく「**外**（外縁《がいえん》・外王《げおう》）」つまり人々を極楽道に導くために心身を労し、日夜励んだのです。

つまり天の『道』を伝える役目を担った聖人たちは皆「**歴代の人々皆これに属し**」となります。

ちなみに現在では『正法』は天道の『得道』として伝えられています。

そして

王を称し聖を称し縦横に任す

と本文にあります。

釈迦の悟りの道『正法』の正という字は一《いち》と止《し》の二文字で構成されています。

すなわち「一に止《とど》まる」ですが、「止」の字は、つまり恥《はじ》という字は耻（俗字）とも書きますから、止は心と、見ることができます。

「一」は天の心を示しますから、それを『正法（得道）』でもっていえば霊の正門・玄関にあたり、そこに霊なる心が「止まる」という意味になります

また正の字と王の字を見比べてみると、わずか一点の移動の違いが見られるだけで、同形《どうけい》の字であることが知れます。

その正の字の縦の一本の線を明師の一指でもって王の字にする、これは神業《かみわざ》『妙法《みょうほう》』といえます。

以上のように、道統《どうとう》の歴史を探ると皇帝から帝王に、そして聖人へと伝えられたわけですから、皇帝の皇という文字、王という文字、聖という文字、さらには天主の主という文字などには皆、共通点の王という文字があることが判ります。

そのように「**王を称し聖を称して**」といわれるのは、人間は万物《ばんぶつ》の霊長《れいちょう》といわれ、この世に存在する生命体の中で最もすぐれた神に近いものとされるところから、『正法（得道）』を授かれば、神となり、佛となり、仙となり、聖と称せられる資格が与えられているというわけです。つまり王という字は一と土の二文字として考えれば、人は土の上に立って、手を広げれば土という字を描くことができます。

その土の字の上に天の印《しるし》、一を戴けば、王という文字の「**靈**」に変化することがかないます。これが他の生き物と根本的に異なるところです。

以上のところを身体でもって中心の一點を明かせば「**縦横《じゅうおう》に任《まか》す**」という言葉どおり、聖人の「聖」という字は、王の文字の上に「耳と口」が横並びにありますが、このような字形の字はありません。

従い、口に、耳に、問いかけるところの意味が隠されてあることになります。

つまり耳は二つ、口は一つ、耳と耳を一線で結び、口は中央から鼻筋《はなすじ》を向かって上に一線を描けば、交差するところの一点の十字の中心点が現れます。

これを仏教では「眼横鼻直《げんおうびちょく》」と称しています。

つまり、耳二つを結んだ横線と、鼻の縦線を結ぶと「**縦横に任す**」の謎めいた言葉と意味が合致してきます。そしてさらに、縦線を下に延長して両手を広げた中央の縦線を通過して、大地の一とつなげば、王という字を、人の身体でもって形づくることができます。

これを「西遊記」の本文では「**縦横に任す**」と天の妙を明らかにしています。

明師が一指一竅《いっしいっきょう》すれば王の文字は天地創造主の印《しるし》が付いて、主の文字へと変化を遂《と》げます。

天主は**老中**様ですから、**老中**様から神の印《しるし》を戴いたことになります。

この霊性《たましい》の救いは天機（天の秘密）ですから、天命のある明師に依らなければ果たすことはできません。

閻魔大王《えんまだいおう》が陰《かげ》でこっそり指図《さしず》する

～～～「西遊記・第一巻」第一回本文に

「いまは、人間の王のきめたおきてにも従わず、鳥や獣の威光《いこう》も恐れておらぬが、これからさき、年をとり血気《けっき》が衰えて来ると、閻魔大王《えんまだいおう》が陰《かげ》でこっそり指図《さしず》するようになる。いったん死んでしまえば、この世に生まれた甲斐《かい》がない。天人《てんじん》（天上界《てんじょうかい》の人。ここでは仙人の意）の列に入れてもらえないではないか」

それを聞くと、猿たちは顔をおおうて泣き叫び無情をなげかぬ者はありませんでした。

すると、列のなかから一匹の手長猿が飛び出して、大音声《だいおんじょう》をあげて、

「王さまがそのように案じられるのは、いわゆる道心《どうしん》が生じたというもの、いったいこの世の五種類の動物（裸生《らせい》つまり人間、胎《たい》つまり動物類、卵《らん》つまり鳥類、湿《しつ》つまり魚類、化《か》つまり虫類）のなかに閻魔大王の指図を認めないすぐれた種類が三つだけございます」

「どんな三つだ」

「仏《ぶつ》と仙《せん》、神聖《しんせい》の三つでございます。この三つは輪廻を逃れ、不生不滅《ふしょうふめつ》でございまして、天地山川と寿《よわい》をひとしくしておられます」

「その三つはどこにおられるのだ？」

「それは閻浮《えんぶ》世界（仏教でいう人間世界のこと、南閻浮提《なんえんぶだい》の略。四大部州《よんだいぶしゅう》の一つ、南贍《なんたん》部州《ぶしゅう》がこれに当たる）の中、古洞仙山《こどうせんざん》の内におられます」

それを聞くと、猴王《こうおう》は大よろこび、

「わしはあす、おぬしたちにいとまを告げて山を下り、海の隅《すみ》、天の果《は》てまで漫遊《まんゆう》して、この三つをたずね、不老不死《ふろうふし》の術《じゅつ》を学んで、閻魔《えんま》の君《くん》の難をのがれることにいたそう」

思えば、このことばが機縁《きえん》となり、輪廻《りんね》の網《あみ》から飛び出して、斉天大聖が生まれることになるのです。～～～～～～～～～～～～～～～～

「道心が生じると〜〜閻魔大王《えんまだいおう》の指図《さしず》を認めないすぐれた種類」つまり**「仏《ぶっ》と仙《せん》、神聖《しんせい》の三つは輪廻を逃れ、不生不滅《ふしょうふめつ》」**とありますが、『天道』では、これは常々言われていることで常識であるといってていいでしょう。

しかし、世の人々は人としての道を正しく道を歩んでいるから大丈夫だと自負《じふ》している方が多くいられますが、しかし、その「人としての本分」が皆目判《かいもくわか》っていないようです。「西遊記」本文の猿たちの方がしっかりと理解しているようです。それは、

「いったん死んでしまえば、この世に生まれた甲斐《かい》がない」

それを聞くと、猿たちは顔をおおて泣き叫び、無情をなげかぬ者はありませんでした」

と語られているからです。そして続いて

「王様がそのように案じられるは、いわゆる道心が生じたというもの」

とあります。

なぜ『**道心**』が仏、仙、神聖につながるのか、文字でもって解釈すれば、「道」という字には「天」という字が上に付けられます。

つまり「天道」と、そして『道』に心という字を下に付けると、「**道心**」となります。

辞典にはこの熟語はれっきとして存在していますが、一方、人生途上、三途の川、冥途と称せられる「途」の場合は、上に天は付けられませんし、下に心という文字も付けられません。つまり天途、途心という熟語は、辞典には存在しません。

天も心も付けられない**地獄途**なればこそ、「**猿たちは顔をおおて泣き叫び無情をなげいた**」というわけですが、万物《ばんぶつ》の霊長《れいちょう》といわれる人間は、それをまったく気づかずに人々は「前途洋々」として、……そしてその「途」という人生は人の数だけたくさんありますから、自らの希望をかなえようと日々躍起となっていますが、仏、仙、神、聖になろうとする「**道心**」を求めることが、人間として、この世に生まれた絶対的な使命であるということが皆目判っていません。

世の宗教は人間のために「何を天に願い、何を天に祈る」のでしょうか。

人々の平安を願うその心は『道』ではなく「途」なれば、その人生を終えれば「**閻魔大王が陰**《かげ》**(地獄)でこっそりと指図**《さしず》**するようになる**」と、本文では諭されています。

確かに人間である限りは「**道心**」は持ち合わせていますが、しかし「**道心**」と称せられる**靈**《おう》の心でもなければ靈《みこ》の心でもない霊、つまりその心は人心《じんしん》、血心《けっしん》と称され、私利私欲が何よりも勝っていて、何事も欲望が優先されています。

世の人々は「夢や希望」がなければ生き甲斐《がい》がないといったふうに、それなりに理由を持っていますが、「望」という字は、王の字の上に亡と傾いた月の字が乗っかっていますし、「夢」の字には死の字の「夕《ゆう》」すなわち、ゆうべ、ゆう、傾く、斜め、といった「月」を意味する字が潜《ひそ》んでいます。

月は陰月《いんげつ》と称して「**陰**《かげ》**でこっそり**」といわれ地獄を暗に示しています。

地獄もこの世も、閻魔大王の支配下にあるわけですから、この世で栄華を極めて、そして王者となっても、とどのつまりは人生途上〜三途の川〜冥途へと旅立たなくてはなりません。

同じ王でも聖人の聖は先で説明しているとおり、王の**靈**になるための『悟りの道』すなわち「**仏**、**仙**、**神聖**」の居られる『理天』極楽に還《かえ》る道のその入り口「**古洞仙山**《こどうせんざん》」が示されています。

その『道』を求めて猴王《こうおう》は人間世界へ旅立つわけですが、なぜ人間世界に「悟りの道」

つまり神の道があるのかと問われれば、万物の霊長《れいちょう》である人間が、生き物の中で最も神に近い存在にあるからといえます。

人間としての首途《かどで》と門出《かどで》

霊界つまり三界（気天界・象天界すなわち人間世界・地獄界）での四生六道のその中の長として君臨している人間であるが故に、万物の霊長と称されて智慧を持ち、社会を構成する能力、あらゆる力を有して物を造り出す能力、物事の深層部を探って知識を豊かにする能力など、その才能は天地宇宙を創造した神の子であるという証しでもあるのです。

ゆえに「天地人」と称され、人間は神が創造された中での最高のものとしてその存在価値が示されています。

その神の子が『理天』極楽からこの世大地に下ろされる時、親神**中**は『理天』の「理」の字の「王」の最上部の一を取り去って「埋《まい》」の字に、つまり大地に埋もれる暮らしを余儀なくさせたのです。

それ以来**中**の子は『理天《りてん》』での幸せな暮らしを再び取り戻すために、幸せを追い求める旅が始まりました。

人間としての歴史を重ね続けて、この間六万年という歳月を費やして、そして今日を迎えています。

その中の子が『理天《りてん》』から降ろされて、地上での生活が始まったときを「首途《かどで》」といいます。すなわち「首」は「はじめ」の意を表し、始まり、最初、最上位といった意味があります。そしてそこから中の子である人間は「途」というたびが始まったというわけです。

ですから人生は途上、終えれば三途の川、冥途という「途」という字が使用されます。一方「門出」という場合は、人間社会においての旅立ち、つまり現状から新たに物事を始めることを表し、人生途上の中での出来事を指します。

そのように字は意味を為すわけですから、字の示すままに「途」の旅をいくら続けても、途上、中途、途中、前途洋々といった言葉があるだけで、終わりがありません。「途」のままでは、決して前方に『首《はじめ》』の『理天』極楽は見えてはきません。

この世で「首途」が始まった人間の人生が、始めあって終わりなき旅となれば、かえってそれは、『首』を求めての「途」であるといえます。

この世に「首途」させた親神は、それっきり姿を現さず、わが子に何の関心もないのでしょうか。いいえ、決して私たちを見放してはいません。

親神・**老中**は、「首」を『道』という字に転じて、そして自ら創造した天地宇宙を主宰し、運行し続けて森羅万象万物を統括《とうかつ》しながら、わが子の無事成長を見守り続けています。成長の暁には『首《はじめ》』を求めて修養を終えて、そして『理天《りてん》』極楽に戻って来るものと信じて、『理天《りてん》』極楽の門を常に開いて、その帰り来る日を心待ちしておられます。

すなわち、悟りの門である霊の正門・玄関が、「西遊記」本文にいわれるところの「**閻《えん》浮世界《ぶせかい》（人間世界）の中、古洞仙山《こどうせんざん》の内**」ですが、ここでは「人間」というものに猿たちの関心が集まっています。

つまり、その人間の「間《げん》」という字に門が見られるからです。

その門の中には「日」すなわち神が臨んでいます。

それは太陽を暗に意味していて、ラウムのラは太陽神、ラー神が示されていて、「首途」の「首」として見ることができます。

この解釈は少々無理があるように思えますが、決して無理ではありません。

なぜなら「間」の字の読み方は通常「かん」あるいは「けん」と読み、「げん」と読むのは人間を指す示す以外には見当たらないからです。

つまり「にんげん」と読ませるその理由は、同じような発音の元、玄、源、原、眩といった字に共通する内容が隠されてあるからではないかと思われます。

そのように勘繰ってみると、人間すべてに神の「日」が存在し、見守っているといえます。

古において漢字や言葉が作られたとはいえ、この世の数限りない森羅万象万物のその成り立ち、字義、部首、音訓、画数などを分類して意味を明確にして宇宙真理を語る、その創作の業《わざ》には、人間にとっては計り知れない奥深いものがあります。

真理を語る上において、人間の智慧に頼るか、神の叡智に頼るかとなると、人間は形式や都合にとらわれたり、巧言でもって人を陥れることがあり、またその言葉には美辞麗句、大言、偽り、嘘などが付きものですが、漢字は時に応じて変えることも、その意味を取り替えることも一切ありません。真実と現実そのものが描かれています。

従い「にんげん」の「間」は「首途」の「首」を示唆《しさ》していると考えられます。

「西遊記」にいわれる「**古洞仙山の内**」とは霊の正門・玄関の「内」、つまり玄関の向こうは『理天』極楽、そこは仏界・天堂と称されて「**佛、仙、神聖の三つ**」がおられます。

人間誕生の折、たましいは霊の正門・玄関から体内に入れられたわけですから、当然その向こうは神の領域、『理天』極楽です。

生命の誕生はその霊が体内に入った時刻が「首」、つまり人生の始まり、誕生となります。

きこりの歌の文句に、「**出会うは仙人、また道人、静かに座って『黄庭《こうてい》』を講ずる**」とあります。これは道を授かって悟りを開いた仙人と道人が『理天』極楽のことを話し合っているという意味で、道教では悟りの門、すなわち霊の正門・玄関のことを『**黄庭**』といいます。

ここでは悟りを開いた仙人や道人が『道』について、玄関の向こうでいろいろと極楽での暮らしを語り合って談笑している、そのありさまを「『**黄庭**』**を講ずる**」と表現しています。

これを『理天』極楽の「**庭**」に遊ぶと解せば、『理天』極楽での楽しい暮らしが、ここでは語られていることになります。

易では『黄』という色は中央あるいは中心の色を指し、さらには宇宙四方八方の方位の中心を象徴しています。占術の一つ「気学」と称される「九星術」においては、

一白水星、二黒土星、三碧木星、
四緑木星、五黄土星、六白金星、
七赤金星、八白土星、九紫火星、
以上九つの星でもって人の運勢とその方位の吉凶を推察するのですが、
その「九星術」の中央の定位置には五黄土星が鎮座して中心と為し、
大宇宙を循環運行していると理論づけています。
また天道では**老中**様からの便り『家《か》郷《きょう》信書《しんしょ》』に、「『黄庭』を講ずる」について次のような話があります。

九星図

『沐浴《もくよく》一たび畢《おわ》れば　嬰児《えいじ》現れ、
胎襖《たいおう》を脱了《だつりょう》して童顔の似《ごと》し。
無拘束《むこうそく》にして蓮台《れんだい》に站《た》ち、
崑崙《こんろん》を散歩して蓬萊《ほうらい》に玩《あそ》ぶ。
日月影《にちげつかげ》無《な》く、神通顕《じんつうあらわ》れ、
金石《きんせき》　礙《さまたげ》　無《な》く　意《い》に任《まか》せて穿《うが》つ』

以上を解釈すれば、つまり「沐浴一たび畢れば」とは、道法『得道』を授かって、人心から神の心へ変化すれば、次第に中の子「嬰児」の兆しがあらわれてきます。

これまでは「胎襖《たいおう》（腹に宿って生まれる）」の途《みち》で、生まれては死に、死してはまた生まれるという数限りない繰り返しでしたが、天道の『得道』によって明師《めいし》の一竅《いっきょう》を授かった霊は、これまでの永きにわたっての四生六道輪廻も漸くその途を解脱して、「脱了《だつりょう》（因縁解脱）」がかない、「嬰児」を想わせる穏やかな「童顔の似し」といった佛顔が表れてきます。

そして「無拘束《むこうそく》にして蓮台《れんだい》に站《た》ち」つまりカルマから解き放たれて、この後は、再びとこの世の因縁因果に縛《しば》られることがなく、その身は自由自在すなわち観自在菩薩《かんじざいぼさつ》にして不老不死、『理天』極楽に還《かえ》れば神佛の位を示す蓮の華をあしらった蓮台に立つことができます。

そのように『理天』極楽に戻った靈は「崑崙を散歩して蓬莱に玩ぶ」で、意のまま、思いのままに行動することができるようになっているので、思い思いに仙人が住むといわれる仙郷《せんきょう》、崑崙《こんろん》、蓬莱《ほうらい》の山々を闊歩《かっぽ》して遊ぶことがかなうようになっています。

死を迎えると同時に瞬時にして、金童玉女《きんどうぎょくじょ》に迎えられて『理天』極楽に帰ったその身はもうこの世、象天界での身ではなく、因縁解脱を果たした神佛としての身ですから「日月影無く」で、すべての光を通してしまう身となり、影が映しだされることはありません。

影がないということは、もう既に神としての能力を示す「神通」が顕れているわけですから「礙《さまたげ》無《な》く」で、金にも石にも触れることなく、形があっても邪魔されず、なんら障害とはなりません。

ですから「意に任せて穿《うが》つ」で、自由自在に『理天』極楽の中を飛び回って楽しんだり、散策したりすることができます。

また便りには、

『お腹が空けば菜食《さいしょく》の精進潔斎《しょうじんけっさい》を食することができます。

しかもその中には珍味《ちんみ》な汁物《しるもの》もあるので、のどを潤すこともできます。

またのどが渇けば清い泉の水を飲めば甘露《かんろ》の味わいが十分に堪能《たんのう》できます。

食べるものを食べ、飲むものを飲み、十分満たした後に、のんびりと時を過ごしたいと思えば山の上に登り、前方を観れば虎の闘うところも見ることができます。

そしてその観覧《かんらん》にも飽きて悶《もだ》えが起きれば、山の裏手にまわれば、賑《にぎ》やかにさえずる鳥の囀《さえず》りを聞くことができます。

もうそこには気まずさや心配事もなく、身に付いた塵《ちり》や汚《けが》れは少しもありません。

六万年前三山坡《さんざんば》（中様と別れた所）において、老中様が持ち去った仙衣《せんい》や雲鞋《うんか》を再び授かれば、雲の上に乗ることも、高い山々もたやすく飛び越えることもできるので、きっとあなたの顔色も喜びで一杯となって、かつての鮮やかさがよみがえることでしょう。

『理天』極楽に還《かえ》り、そして楽しい日々を暮らせば、因縁因果に縛《しば》られた人生、人間社会のしきたりや規則にそった堅苦しい生活や、さらには世の中の流れに遅れまいとするあせりなどを思えば……。

しかしそれらも『理天』極楽の故郷に戻ってしまえば、それは過ぎ去ったこと、もう二度とかかわることがありません』

と、そして

『霊の正門・玄関から**中**の子が『理天』極楽に戻った暁《あかつき》には『酒筵《しゅえん》を設《もう》け、醍醐《だいご》の瓊《けい》漿《しょう》（おいしい食べ物や飲み物）を把《と》りて餞《はなむけ》を行う』

と、帰天《きてん》する日を心待ちしておられます。

ということで**老中**様の便りはこの後も続きますが、「『**黄庭**』**を講ずる**」その話の内容の参考としてお便りをお話ししました。

逍遥自在《しょうようじざい》

〜〜〜〜〜〜〜〜〜〜〜〜〜〜〜〜〜〜〜〜〜

「西遊記・第一巻」第一回本文に

貌《ぼう》と身とは自ら別なれども、
心と相とは倶《とも》に空なり
物外に長年の客となり
山中に永寿の童《こ》となる
一つの塵《ちり》にも全く染まらず
甲子《としつき》は翻騰《はねかえる》に任す

とあります。

これは悟空がたずね訪れた「**霊台方寸山《れいだいほうすんざん》、傾月三星堂《けいげつさんせいどう》**」の門より出てきた仙童《せんどう》の姿を現したものですが、この詩の内容は、『道』を得た者のその後の姿を現しています。

「**貌《ぼう》**」とは心の姿を顕す顔のことで、平生私たちはその顔も身も一体として見ますが、心身という言葉があるように、本来は別々なものなのです。

ですからここでは「**自ら別なれども**」と詩《うた》っています。

これは『道』を得て悟りを開いた者だけに訪れることで、吾が心が悟りを開くと次第に、菩薩の顔に変貌しそして優しく輝きます。

つまり『得道』を授かる前の顔と『得道』以後、二、三カ月たった後の顔を見比べて見ると、様相が優しく円満になっていることに気づくはずです。

これは普段の心、人心であったのが神経、精神といわれる神の心に変貌した証しとなります。それに、いつの間にか心が穏やかとなり、人に接する心構えも円満となっていますが、そのように容貌が変わったとしても、心身は普段と変わらず一身一体の物として変わりはありません。

ところが悟りの道、神佛の教えでは、その心身は本来無一物、つまり「空」であると諭されます。

その謂われるところは、つまり私たちは母親の陰部（陰は地獄）から生まれますが、と同時に体内に入った「心霊（霊根）」は大気を全身に吸い込んでこの世に生を受けたことを告げます。

そして陰陽の世界であるこの世で生活を始めるわけですが、「陰」の字には「今」という字と「云」と字が記されてあるのは、この世での物事は、苦しみも悲しみも、また楽しみも喜びも皆その時々に現れては消えていく一抹《いちまつ》の出来事にすぎないものであるという含みがあって「今云う」と書かれています。

それはこの世の物事は、一瞬にして自然に跡形もなく消えていく定めにあるからです。

また陰陽の陽の字も、「一」の上に「日」という字があるのは、天地を分ける一線の上は、大日如来に象徴されるように神の世界で、その下は「勿《なかれ》」つまり何もない、空であると暗示しています。

したがって、以上の物事が悟れるようにと『般若心経』では、すべては「空」であると教えています。また本文も「**心と相とは倶《とも》に空なり**」といわれ、仙童の清浄なる姿を物語っています。

心が安静でない日々の生活の中では、人は「空」を悟れずに暮らしているわけですから、死ぬ時はその魔障が身にまつわりついているので、三途の川を渡り冥途（地獄）へと旅立っていくことになります。

そして、いずれ時至れば再び母親の陰部（地獄）から誕生することになります。

しかし、それは誕生の誕の字義を見れば判りますが、誕生は生命の旅路（輪廻）を延ばすだけで、決して喜び事でないことが知れます。

(言8)【誕】 (言7)【誕】 漢タン 㬪dàn

解字 会意形声。言と延(エン タン)(ひきのばす意)とで、ひきのばして大げさにいう、でたらめの意を表す。借りて「うまれる」意に用いる。当用漢字は俗字による。

意味 ①あざむく(欺)。むやみに大言をはく。「欺誕」②いつわり。でたらめ。おおげさなことば。「誕言」③ほしいまま(放)。気まま。しまりがない。「放誕」④おおいに(大)。ひろく。ひろい(広)。「誕告二万邦一」〔書経・湯誥〕⑤うまれる(生)。＝旦《タン》。「生誕」⑥そだてる(育)⑦ここに。まことに。さて。句首・句

従い「誕」の「延」は「ひきのばす」ですから、生まれる以前、つまり前世、前前世といった過去での人生からの延長と解釈ができます。

さらに「誕」のその意味が知れれば、誕生を祝うということは、それは還暦祝いと同じ

く厄除けのためともいえます。

ただ一つ、この世に生まれて喜べることとは、地獄から誕生したその意義、つまり四生六道輪廻の地獄の途《みち》を逃れて『理天』極楽へと昇ることができる『道』が、この世には在《あ》り、求めれば授かることが許されているということです。

『道』を求めた後の修道は難しくありません。

ただ情欲《じょうよく》や妄念《もうねん》を空乏《くうぼう》（なくす）にすればいいのです。

そうすれば精神も休まり、穏やかな日々が送れます。

そのように、『道』を得た者が、「**物外に長年の客となり、山中に永寿の童となる**」つまり、「**物外**」とは俗世界を離れて、…山中に客として、永年の歳月を重ねて住み続けている、その姿は童《わらべ》の如くで、その容貌といえば「**一つの塵《ちり》にも全く染まらず、甲子《としつき》は翻騰《はねかえる》に任す**」といった風情で、一身は清浄そのもの、塵《ちり》に染まらず、永き歳月の流れも一向に気にせずに暮らしている様子がいわれます。


続きまして「西遊記・第一巻」第一回本文に

菩提禅師《ぼだいぜんじ》（須菩提祖師《すぼだいそし》という名号《みょうごう》の仙人）は台の上に端座《たんざ》し、その両側には弟子が三十人侍立している。果せるかな、

大覚金仙《だいかくきんせん》（仏の尊称）さながらの
垢《く》没《な》き姿にして
西方妙相《さいほうみょうそう》は菩提《ぼだい》に則《のっと》る
不生不滅《ふしょうふめつ》は三三の行
全気全神は万万の慈《めぐみ》
空寂《くうじゃく》自然にして変化に随《したが》い
真如《しんにょ》の本性は之を為すに任す
天と寿《よわい》を同じくする荘厳《そうごん》の体
歴劫《とこしえ》に明心《みょうしん》の大法師ならん

と詩われています。

道教では『道』を得て、道果《どうか》が円満となり、徳熟《とくじゅく》した暁には玉清《ぎょくせい》、上清《じょうせい》、太清《たいせい》（三《さん》清《せい》）の宮に返り、天仙、金仙、神仙の霊的果位《れいてきかい》が証《しょう》されるとあります。

つまり詩文では、須菩提禅師《すぼだいぜんじ》は「**大覚金仙**」そのものだといわれ、またその姿は「**垢没き姿にして**」とあります。

「**垢**」は「あか」つまり、身体や物についた汚れのことで、「没」はなくなる、ほろびるで、滅、ないという意味。その身はよごれけがれなく純真無垢《じゅんしんむく》といった姿です。

そして、その容貌は「**西方妙相は菩提に則る**」といわれます。

つまり、お顔は菩提、菩薩のようで、西方の極楽に住まう神佛と変わりない妙相をなさっていると。

「**妙**」は神の叡智すなわち神佛の「**相**」と解せばそのやさしい仏顔が知れます。

そして「**不生不滅は三三の行**」、

つまり、悟りを開く道法、『得道』を授かって即身成仏《そくしんじょうぶつ》となり、そして神佛として、とこしえに生き続ける金剛《こんごう》の体《からだ》（不壊《ふえ》）になるには、「**三三の行**」＝三×三は九で、修道の効果が円満となれば、精神は動揺なく不動でいることができますから「空」を悟り、一歩一歩前に進めば**極楽道**でもって、自然にして仏界・天堂に到達することができます。

さすれば「**全気全神は万万の慈**」となります。

一身が清浄となり「**空**」の妙が悟れるようになると、すなわち吾が心、心霊はこの世での囚われがなくなり、神霊としての品位が備わり、そして「**万万の慈**」つまり、この世のすべての人の苦しみを救う佛《ほとけ》の広大な愛、大慈大悲そのものを持つようになりますから、誰にも慈しんで恵みを垂れ、情けをかけるようになるといわれます。

慈悲の心が芽生えた心霊は、時の状況に左右されず、常に「**空寂自然にして変化に随い**」、つまり、心霊は「空」にして「寂（しずか）」であるべきですが、この世では常に跳躍《ちょうやく》する凡の心が身に随っています。

これには魔難、利欲、財欲、色欲などの難がありますが、もしこれらの煩悩を制してその放心を収めれば、「空」なる定静《ていじょう》の心に帰ることができるようになり、またそれに随い、何事にも囚われず静寂《せいじゃく》でいて、そして自然の時の流れに身を任せていれば気持ちがすがすがしくなってきます。

そのようにして「空即是色」が悟ることができれば、また「色即是空」も同じで、放心の収まった心霊は「**真如の本性は之を為すに任す**」で、これまでの有物の俗体《ぞくたい》から離脱《りだつ》して、無物の聖体《せいたい》つまり観自在菩薩の如く「**真如の本性**」となり、その心霊は「**之を為すに任す**」で、逍遥《しょうよう》が自在《じざい》となって、これまでの因果に拘束《こうそく》されることがなくなります。

心が「空」となれば、清気が随着《ずいちゃく》して空中の妙が具《そな》わり、軽々と雲に乗ることも、跳《と》ぶこともできるようになります。

そのような聖体となれば、「**天と寿を同じくする荘厳の体**」となると、つまり天が永久不変の命を有するように、「**真如の本性**」なる靈もまた天と同じく清浄ですから、不老不死となり、とこしえの寿命を得る「**荘厳の体**」となります。

そのように真人《しんじん》（得道授かった人、悟りを開いた者）は、心身を安定させて「**歴劫に明心の大法師ならん**」で、窮《きわ》めて永い歴年《れきねん》の修成《しゅうせい》を目指して、内に神を存在させる、宿らせる行を積んで「**大法師ならん**」と、詩われています。

続いて「西遊記・第一巻」第一回本文に、

「**そなたはどこの者か、まずは生まれと姓名を申せ、あいさつはそれからでよいわい**」

「**わたくしは東勝神州《とうしょうしんしゅう》傲来国《ごうらいこく》花果山《かかつざん》水簾洞《すいれんどう》の者でございます**」

するど、祖師は大声で命令して、

「**さっさと追い出せ、こやつ、大かたりだ。道果《どうか》を得ようなどとはとんでもないわい**」

あわてて猴王《こうおう》はしきりに叩頭《こうとう》しながら、

「**ただいま申し上げたことは本当でございます。決してうそいつわりではございません**」

「それが本当ならば、なんで東勝神州《とうしょうしんしゅう》などと申すのだ？　そこからここまで来る間には、大海が二つと南贍部州《なんたんぶしゅう》があるぞ。どうやって来られるのだ」

猴王《こうおう》は叩頭して、

「私は海を渡り、陸に上がり、所々方々を遍歴《へんれき》し、十数年かかってここまでまいりました」

「順々に来たというのであれば、まあ良かろう。姓はなんと申す」

「わたしには性はございませぬ。どなられても恨《うら》みませんし、たたかれても怒りません。おわびするだけでございます。生まれつき性はございません」

「その性ではないわい。そなたの両親の姓はなんと申すのだ」

「わたしには両親はございません」

「両親がないというのであれば、木の上で生まれたのか」

「木の上で生まれたわけではございませんが、石の中で大きくなりました。たしか、花果《かか》山《ざん》に、一つの仙石《せんせき》がございまして、その年に石が割れ、わたしが生まれたのでございます」

猴王《こうおう》が生まれたところ「**花果山**」は気天界、象天界、地獄界の三界つまり大千世界の中に存在する気天界の中心部にあるわけですから、一応『天堂』つまり極楽と申せます。

しかし、気天界は楽天とされますが、縁起縁滅《えんぎえんめつ》（清算されていない因業・カルマ）が、未だ残っている善霊の居場所で、一時的には楽の境地（極楽）に住まうことが許されていますが、これも生前立てた功徳《くどく》の結果次第であって、その楽の報われる期限が終われば、再びと象天界の人間界へ出生しなければならない天律《てんりつ》があります。

一方『理天』と称するところは気天界のさらに上にあって永久不滅で不老不死といわれる極致で、まことの極楽境です。

そこは猴王《こうおう》が追い求めるところの仏界・天堂で、楽の境地ですから苦がまったくなく、まこと際限なく生き続けることができる境界で、まことの天国とされるところです。

従い『天堂』と称せられる極楽境は、理天界と気天界の二界を包んでそう謂われます。

その気天界の花果山から東勝神州《とうしょうしんしゅう》の人間世界に降《くだ》った猴王《こうおう》は、生死を永久に繰り返す縁起縁滅のカルマから逃れて、不老不死の『理天』極楽を目指す『道』つまり道果を求めて西午貨州《さいごけしゅう》（西国）までやってきたわけですが、さて話を戻しまして、

「西遊記・第一巻」第一回本文に〜〜〜〜〜〜〜

「そなた、からだはぶかっこうだが、松の実を食う猢猻《さる》に似ておるな。そのからだつきに

ちなんで姓をつけてとらせよう。『猢《こ》』という姓をな。猢という文字は獣偏《けものへん》を取り去ると、古と月になる。古は老じゃ。月は陰じゃ。老と陰は成長することができぬな。やはり『猻《そん》』という姓のほうがよかろう。猻という文字ならば、獣偏《けものへん》を取り除くと子と系になる。子は児男《おとこのこ》じゃ。系は嬰細《おんなのこ》じゃ。嬰児《えいじ》の原義《げんぎ》に合致《がっち》する。孫という姓をつけてとらせることにしよう」

聞いて、猴王《こうおう》はすっかりうれしくなり、上手に向かって叩頭しながら、

「けっこう、けっこう、けっこうでございます。わたしはいま、はじめて姓というものを知りました。そこでお願いがございますが、姓が出来ましたからには、名もいただきとうございます。そうすれば呼びやすくなりますから」

「わが門には十二の文字がある。それをそれぞれ配当して名をつけることになっておるのだが、そなたは十列目の弟子になる」

「どんな十二字でございますか」

「されば、広・大・智・慧・真・如・性・海・頴《えい》・悟・円・覚の十二だ。そなたの列は『悟』の字に当たるから、法名を『孫悟空《そんごくう》』と呼んでとらせよう。よいかな?」

猴王《こうおう》はにこにこして、

「けっこう、けっこう、けっこうでございます。これからは、孫悟空と名のることにいたします」

よってここに主人公の名前が決まりましたが、『**孫**』の字の意味は、本文に一応ありますが、『**孫悟空**』は「**法名**《ほうめい》」となっていますから、さらに深い意味が隠されていると考えれば、『孫』とは親から子、子から孫、孫から玄孫《やしゃご》といった血筋を受けているものと読み取ることができます。

つまり本書は**道果**を求めての旅の物語ですから、『道』の字の首は始まりを意味するところからよくよく察すれば、大千世界の始まりのその根源である仏界、『理天』極楽を求めての旅であると解せるので、当然親神**老中**が居て、そしてその子孫という含みが、『孫』という姓には示されていることになります。

また『**孫**』に絡めて名前が『**悟空**』と付けられたのは、**老中**の子である人間のたましいは元々「吾《わ》が忄《こころ》は空《くう》である」ということからそのように名づけられたと考えれば、孫悟空という空なる心の働きが、この後の物語を楽しませてくれるというものです。

「**広・大・智・慧・真・如・性・海・頴《えい》・悟・円・覚**」の十二文字を二文字の熟語にすると、

広大《こうだい》・・広くて大きく、尽きることのないさま。
智慧《ちえ》・・現象の背後にある理法を悟る心・般若《はんにゃ》。
真如《しんにょ》・・宇宙万物の本体で、永久不変の真理。
性海《せいかい》・・真如の心の深く広いことを海に例えて。
頴悟《えいご》・・才知のすぐれて賢いこと。
円覚《えんかく》・・円満で欠けたところがない心、仏の悟り。

以上の六つとなり、霊性《こころ》のまことの姿を著わしています。
続きまして「西遊記・第一巻」第一回本文の終わりに、

鴻蒙《こうもう》初めて闢《ひら》くとき
原姓《もと》無し、
頑空《がんくう》（からっぽ）を打破《だは》して
須《すべか》らく空を悟るべし

冥途へ堕《お》ちて
しまうよ！

とあります。

「**鴻蒙初めて闢くとき**」

つまり宇宙の始まりは、ただ気の循環があって形を成すものはなかった。

そのような時「**原《もと》姓無し**」つまり鴻蒙のときは真空で虚無にありますから、すべて無形、無情、無名で、形もなく象もなく、悠然として始まりもなく、終わりもない状態でした。

そこに**老中**の御本体であり、お姿である先天の『道』が顕れて、そして宇宙間の一切を生育し・運行し・長養していますが、もともと人間世界は形もなく象《すがた》もない中に創造されたものでありますから、思いを「**頑**《かたくな》」にしないで、「**頑空**《がんくう》**（からっぽ）を打破**《だは》**して**」つまり、この世は元来「**空**」ですから「**須**《すべか》**らく**」幻想の中に居るということを悟りなさいと、本文では、そういわれます。

しかし、この世しか悟れない人々の霊性は、生きるために「**頑**」つまり欲を深くして名利をむさぼり、自らを快楽《かいらく》させていますが、それは石鹸の泡《あわ》、シャボン玉の中の「**頑空**」でのこと、僅《わず》かな時を経て壊《こわ》れ去っていくさだめの生涯《しょうがい》であることが悟れないでいます。

この世は霊性の修道のために創《つく》られた仮の世界ですから、その迷いの途《みち》を打ち破って、そしてこの世での物事のすべては皆「色不異空《しきふいくう》・空不異色《くうふいしき》・色即是空《しきそくぜくう》・空即是色《くうそくぜしき》」と、『般若心経』に言われるように、まことに空《むな》しい世界であるということをすみやかに悟るべきだと詩われています。

第一回終了

妙《みょう》理《り》を探《さぐ》る

「西遊記・第一巻」第二回の冒頭に……

菩提《ぼだい》の真《しん》の妙《みょう》理《り》を悟徹《さと》り
魔《ま》を断《ほろぼ》し本《もと》に帰《き》して元神《げんしん》に合《がっ》す

「**菩提**」とは仏教でいわれる梵語《ぼんご》で『仏の悟り』をあらわします。

つまり『般若心経』に謂われる「般若波羅蜜多《はんにゃはらみった》」のことですが、その「般若波羅蜜多」の前に「行深《ぎょうしん》」が付けられて、「行深般若波羅蜜多」と心経《しんぎょう》の最初にあります。

その「行深」が「**真の妙理を悟徹り**」と考えれば、行を深くして『仏の悟り』を明らかにしなさいということになります。

「西遊記」と『般若心経』は縁が深いというところからこのように解釈されるのですが、「**真の妙理**」とは如何なるものかとなると、**極楽道**があると理解し得た者、つまり聖者や賢者《けんじゃ》にして理解し得るものといえます。

では聖人は悟りを開くために何に何を探ろうとしたのか、または何に何を求めたのかとなると、それは「**妙理**」といわれます。すなわち天の「妙」なる働きを知るためには、その天の「**理**《みちすじ》」を理解することから始めなければなりません。

「**妙**」とは、言い表しようのないほどすぐれていて、人知でははかり知れないすぐれた働きを意味し、まことと不思議「神妙《しんみょう》」とあります。そして「**理**」は「ことわり・道理」つまり物事のすじ道。人の従うべき道、道義《どうぎ》。宇宙の本体。とあります。

以上から看《み》て「妙理」とは、天の『**妙道**』を明らかに「**悟徹り**」なさいということになります。

つまり天の妙は天地間の種々の働きにことごとく明らかに現れていて、人間が見ることも感じることもできるほどに理路整然《りろせいぜん》としていて、宇宙の星々のごとく自ら統一《とういつ》を備え秩序《ちつじょ》を保っているところにあります。

聖人はその天地間のすべての働きを本《もと》にして人の道を立てたといわれるところから考えれば、その天道の真髄《しんずい》を明らかにできれば**「菩提の真の妙理を悟徹り」**という詩文の意味は理解できるものと考えますが、しかし『道』と称する天の働きのわずかなところは目に見えて肌で感じて知ることはできますが、天地間の万象万物《ばんしょうばんぶつ》のそのすべてとなると、それは容易《ようい》に知ることはできません。そこで「聖人は易《えき》を立てた」、つまり陰《いん》と陽《よう》という気の働きを示す八卦《はっけ》なるものを作りました。

その八つの卦の中には天地間のあらゆるものの性質、様相、姿形が皆含まれてあるので、この八つの卦を詳《くわ》しく観ると、天地間に存在するものの種々の働きをことごとく明らかに見ることができます。

しかし、天地間の働きといえばまことに数限りない変化を示すものですから、八つの卦だけではその変化には対応することができないというところから、この八つの卦を重ねて、そして、六十四の卦にし、しかもその六十四の卦はいずれも六本ずつの爻《こう》でもって、例えば䷀・䷁のようにすることによって、天地間の働きに対応できるようにしました。

これは宇宙間の森羅万象は皆陰陽の作用でないものは一つもないところから、各々の爻《こう》、三百八十四爻に天地間のすべての働きを託して、そしてその状況が一目瞭然にして観ることができるようにと陰陽の易は作られているからです。

六十四卦といっても、その一爻《いっこう》一爻《いっこう》の変化の本はといえば陰と陽との作用にほかなりません。

ですから、六十四卦が十分に変化すれば、四千九十六卦となり、さらに引き伸ばせば末広がりのごとく無限《むげん》に変化させることができるようになっているので、多種多様の物事に対応することが可能となります。

したがい、この世においての人事百般のすべてが易の中に網羅《もうら》されていることになります。

易では、「一陰一陽を『道』という」と、その陰陽の働きが天道そのものであるといわれます。ですから、陰と陽の気の働きは天地の間の一切の働きの根本ということになります。

この天地間の働きというものが、すなわち人間の『道』の本になるということでもって、聖人は「易を作った」というわけですが、その根本となると、それはつまり易の起源を遡《さかのぼ》れば、上天の命によって、まず『一なる天の道』が誕生したということになります。

そして、その『一』という玄始《げんし》の一點から陰と陽の二気が生み出されて天地創造の道が始まったというわけですが、此の陰陽の二気は離れることなく交合《こうごう》し合いながら互いに交代し合って陰から陽へ、陽から陰へと変化して、木・火・土・金・水といった陰陽五行《いんようごぎょう》なるものを生み出します。

この陰陽五行がさまざまに組み合わさって宇宙空間の各々の星や物質を生成《せいせい》して、そして宇宙が構成《こうせい》されたというわけですが、その中でも陰陽五行の組み合わせから出来たもので最《もっと》もすぐれた創造物が、人間と称せられるものです。

ですから、この『妙』のことを「一より生じた五行の精《せい》が凝結《ぎょうけつ》して人類を生ずる」といいます。そのようにして人間が持つ神霊の起源《きげん》を顧《かえり》みれば、『一なる天の道』から生まれたということが明白となります。それで老子の第三十九章に、

天一《いち》を得てもって清く、

地一を得てもって寧《やす》く、
神（人間）一を得てもって霊《れい》なり、
谷《たに》一を得てもって盈《み》ち、
萬物一を得て生じ、
帝王一を得てもって天下の貞《てい》を為《な》す。

と申されています。

この『一』とはすなわち『天道《てんのみち》』のことで、これを解釈すれば、『天というものが澄《す》み渡っているのも、澄み渡るべき本性《ほんせい》を発揮《はっき》しているからである。すなわち天は天たるところの『道』を保っているから天としての存在がある。地もまたその通りで、地というものは動かずに落ち着いていて、そうして多くの物を載《の》せ、また多くの物を養うということができるのは、その『一』なる本性を発揮しているからこそ、地は地としての存在がある。すなわち地であるところの『道』を全うしているからである。

また人間が神の霊と称されるのは、元々は神であった者が陰陽界《いんようかい》のこの世において存在するためには「神一《かみいち》を得《え》て以《もっ》て人間（霊）に」つまり『道』に依《よ》るところにある。
人間はもともと神であったという証しは、その心は神経・精神と称されるところにある。
その人間が神として尊ばれることを使命とされるのは、やはり人間、神としての『道』をもって全うするところにある。

それから「谷」というのは、すべて地上の窪《くぼ》んだ所をいうが、その窪んだ所に物が盈《みち》たり、草が生え、樹が育ち、あるいは動物なども繁殖《はんしょく》して栄えるのも皆、『道』によってその本来の性質を発揮しているからにほかならない。

すべての物が皆『一を得てもって生ずる』＝つまり『道』によって生じ、『道』によって栄えていくのである。ですから万民《ばんみん》の上に立って国を治める人も、やはり『道』というものを守っていかなくてはならない。自ら人たるところの本性を遺憾《いかん》なく発揮し、人たるところの道を守っていけば、天下が正しく治まって、万民がそのところを得るという結果がそこに現れてくるのである』といわれます。

また老子様は

「無名《むめい》（道）は天地の始まり、有名《ゆうめい》（陰陽）は万物《ばんぶつ》の母《はは》なり」

と謂われ、形体はいかに大きくとも、無から比較すれば微《かす》かなもので、それは無限大《むげんだい》の無の中から有形体《ゆうけいたい》が芽をふき生じてくるのであると。また、

「天下の物は有より生じ、有は無より生ず」

とも謂われ、創造の妙理を表現しています。

以上のように『道』に背《そむ》いて存在し得るものは、この世には何もないということを深く考えなければならないと老子は申しています。

そのようなことから、天地自然を通じて『道』のいろいろな働きを観れば、理路整然として秩序が具《そな》わっており、何の滞《とどこお》りもなく、また狂いもないということは、よく観察すればよくわかることです。

『道』というものを考えれば、正しい『道』が行われているからこそ天地万物はどこまでも栄えていくわけですから、その正しい天道に従って人間としての道を正して歩まなくてはなりません。

つまり、人間の心は神経・精神といわれるように「神」としての一字をいただいている

菩薩ですから、「**菩提《ぼだい》の真《しん》の妙理《みょうり》を悟徹《さと》り**」という意味を、ここに明らかに悟《さと》り徹《てっ》することができれば、地獄の「途」から逃れて、道の始まりである不老不死の仏界・天堂の『理《り》天《てん》』極楽に帰る『道』を是非とも得るべきことの大切さがわかります。

そして「**魔《ま》を断《ほろぼ》し本《もと》に帰《き》して元神《げんしん》に合《がっ》する**」とあるのは、『道』を得《え》て以《も》って「**真の妙理**」を悟った限りは、菩薩としての修養と修行が為されなくてはなりませんが、古《いにしえ》の聖者と違って今の時代、つまり末法《まっぽう》の時代においては、殆《ほと》んどといっていいほど「**真の妙理**」を悟る者はいません。

ですから、これを天は憐《あわれ》み、「**真の妙理**」を悟るのは後修《こうしゅう》（後にして）にして、まずは地獄に落ちることを防ぐということでもって、まずは『得道』を授けて、**中**の子が地獄に迷わぬようにと霊の正門・玄関（悟りの門・極楽に通じる門）を開き、そして一生が終えた後、瞬時にして極楽往生ができることを、天自ら約束しておいて、そして『得道』の後「**魔を断し**」の修持覚醒《しゅうじかくせい》を促すというわけです。これを天道では「先得後修《せんとくこうしゅう》」といっています。

先に『得道』をいただき、そしてその後『天道』の妙理《みょうり》を学ぶということになります。

古《いにしえ》の覚者《かくしゃ》聖人の場合は「先修後得《せんしゅうこうとく》」といって、厳《きび》しい艱難辛苦《かんなんしんく》の行をおこなって『天道』の妙理と天地宇宙の理法《りほう》を悟り、そして天と吾《わ》が心の合一《ごういつ》（神人合一《しんじんごういつ》）を果《は》たしたその結果、天からの叡智《えいち》つまり妙智慧《みょうちえ》が、悟りの門である霊の正門・玄関から注《そそ》がれるようになったのです。

また天と感応することがかなったことで、不生不死《ふしょうふし》の霊境《れいきょう》である理天の極楽浄土が存在することも悟ることができるようになったのです。

天はその聖人としての功果に対して、この後輪廻転生《りんねてんせい》をしない証しとして霊竅《れいきょう》（つまり霊の穴、霊の正門・玄関・悟りの門）を開いて下さったというわけです。

そのようなことから本文では「**菩提《ぼだい》の真《しん》の妙理《みょうり》を悟徹《さと》り**」の後、「**魔《ま》を断《だん》し**」としています。では「**魔**」とは何か。まずそれを漢字に見れば、广と林と鬼の三文字が組み合わさっていますが、ここで注目するところは林です。木が一つの場合は、木・火・土・金・水の五行のはじめ、すなわち「一」を象徴《しょうちょう》し、天道では「一なる心」を意味しますが、しかし木が二つとなると「二心三心《にしんさんしん》」という魂魄《こんぱく》の心が意味されます。

例えば禁止の禁の字は、示の字の上に林、木の字が二つ乗っていますが、それは「二心」を暗示しているところから禁ずると意味されます。

具体的《ぐたいてき》にいえば、日頃善人である人も一瞬《いっしゅん》魔がさす時、その善の心が阿修羅《あしゅら》（闘争心）

に変心《へんしん》したり、また時には道をはずして暴力を振るう夜叉《やしゃ》ともなるように人間には心の鬼《おに》が存在しています。

ちなみに魂魄《こんぱく》の**魂**の心は身体の腹の位置に存在していて、利欲《りよく》の心と称され、損得《そんとく》を計算して行動を起こす働きをするので、腹黒《はらぐろ》い、腹に一物《いちもつ》など、奸知《かんち》に長《た》けた働きを象徴します。

また魄《はく》は身体の胸の位置にあって、さまざまな感情でもって自分を表現して同情を買うなど、上手に立ち回って優位《ゆうい》な立場にいようとする我欲《がよく》の心とされます。

本文ではその心の「**魔《ま》を断《ほろぼ》し**」といわれています。つまり『道』に目覚《めざ》め始めると、この世で一番恐ろしいのはわが心の鬼であることが次第に分かってきます。

仏教では八万四千の煩悩《ぼんのう》があるとされますが、まさしく私たちの心には数多くの煩悩が住んでいますから身を修めないと、事態《じたい》によっては鬼となったり、悪心を働かせたり、阿修羅にもなります。

では心の魔はどこから出てくるのでしょうか。

それはわが身大事と思い煩《わずら》う人我《じんが》が、苦しみや悩みを生み出して、そして八万四千もあるといわれる煩悩を生み出すからです。

わが身は誰でもかわいいものですが、いたずらに過度《かど》にわが身を優先《ゆうせん》させて行動するとわが身を苦しめることになります。

人我の心が勝ると自分で自分を縛《しば》り、自分で自分を苦しめることがどんなに多いことか、そこのところを知って、自分自身に執着《しゅうちゃく》しないことこそが「**魔《ま》を断《ほろぼ》し**」、つまりわが身が安らかになるということを修得しなければなりません。

従い「**菩提《ぼだい》の真《しん》の妙理《みょうり》を悟徹《さと》り**」で、道を修するものは、自分の心に打ち勝つことが大事で、自分の心に負けて悩むのは愚者といわれます。

陽明学《ようめいがく》の大家《たいか》で有名な王陽明《おうようめい》は、

「山中《さんちゅう》の賊《ぞく》を破《やぶ》るのは易《やす》く、心中《しんちゅう》の賊《ぞく》を破《やぶ》るのは難《がた》し」

と言われています。

つまり心中の悪魔を破ることは、山中の賊を打ち破るよりも難しい、といわれます。

自分自身の心の中の悪魔すなわち煩悩ですが、その煩悩を制御することは非常に難しいといわれますが、しかし自分に負ければすべてに負けて、下る「途《みち》」しかありません。

煩悩という悪魔は自分の心がつくるもの、だから悪魔をしりぞけて退治するのは自分の心を『道』に目覚めさせて、自分自身の心を強くすることが何より大切です。

古の聖者や賢者ならともかく、私たちの能力ではすがるもの、天の力という他力がなければ非常に難しい現世になってしまっています。

あまねく衆生を救うことができる『得道』によって、ひとたび善に向かえば私たちの心は聖人のように神化して、素晴らしい成果を生むことができます。

「**本《もと》に帰《き》して**」とは、悟りを開いて煩悩を引き起こすところの、その根が消えれば、本来の本性《たましい》が目覚め始めるといわれます。

つまり「神一《かみいち》を得《え》て以《も》って霊（人間）なり」ですから、逆も真なりで、「霊、一を得てもって神なり」これは道理です。孔子様は

「天《てん》の命《めい》これを性《せい》（たましい）といい、
性《せい》を率《ひき》いるを、これ道《みち》と謂《い》い、
道《みち》を修《おさ》めるを、これ教《きょう》と謂《い》う」

と言っています。

以上の言葉もまた逆をたどれば「教えによって道を得て、その道によって「性（たましい）」」、は、人間本来の本性に戻ることがかなう」ということが、ここに明らかに示されています。

私たちは数多くの罪悪を為してきたからこそ、現世に生まれて「生老病死」という四大《しだい》苦《く》を課せられ、そして人間誰もが人生において憂《うれ》い、悲しみ、苦しみ、悩むといった四つの苦を抱くのですが、人間は以上の八大苦が具《そな》わっているからこそ、精神のその深さを自覚することができるのです。

罪悪、不満、苦痛、苦悩といったものが、精神的に向上する要素でもあるわけですから、一般の宗教はそのように意識させて、堅固な意志こそ人生のさまざまな困難を克服する最も重要なものだと教えます。

そうして苦難の人生を乗り越えさせるために神霊なるものを登場させて、そして神霊とともに常に一体であることを意識させ、そして幸福感を味あわせるのですが、この意識は霊的には見えないので、甘言そのものが意識に充満して喜びが満たされることになってしまいます。

この神霊との結びつきを摂理といい、最終的に人を善に導く神の意志を期待するわけですが、よほど神聖に近い精神を持つ人でも、自らの意志力でもって悟りを開き、神との絆を確かにすることは不可能です。

それは、人間の能力だけでは決して悟りは開けないからです。

「金剛般若経《こんごうはんにゃきょう》」に「如夢幻泡影《にょむげんほうよう》、如露亦如電《にょろやくにょでん》」という經文があります。

意味は、すべてこの世の中のものは夢幻《ゆめまぼろし》、泡沫朝露《ほうまつあさつゆ》や雷《かみなり》のようだといわれ、木の葉に宿る一《ひと》しずくの朝露も、朝日に照らされると、あっという間に消えていきます。雷電《らいでん》もまた瞬時《しゅんじ》にして消滅《しょうめつ》します。

人生も同様で、さまざまなことがあろうと、それは一瞬の夢にすぎないと教えています。富貴貧賤も賢愚も大家も貧家も、また家柄がどうのこうのといって羨《うらや》む必要もなく、わが身の貧しさのみを見て苦しむ必要もなく、社会的な地位や身分や、自分だ、お前だという欲得や争いもすべて夢幻にすぎないのです。

夢にすぎないと自分に言い聞かせてもなお、夢の中のものを事実と錯覚してしまうのが人間なのですが、その幻想《げんそう》にいる人間が、たとえ神佛や聖人と一体となって幸福感を満たそうと思って自ら望んでも、それもまた夢の中の喜びにすぎないのです。

幻想の中に存在しているということが、自覚できない限り極楽涅槃に至れるはずはありません。

ですから『般若心経』に行深般若波羅蜜多時《ぎょうしんはんにゃはらみったじ》。照見五蘊皆空《しょうけんごうんかいくう》……と經文があります。つまり行を深く修めて悟りが開かれた時、この世のあらゆるすべての事物は皆空であったことが悟れると諭されています。

これは取りも直さず、悟りの『道』を得ない限り人間の霊は神経、精神といわれる神という神霊に戻ることができないという意味ですから、『道』を得て夢幻から目覚め、そして自らが悟り「**本に帰す**」ことが大切です。

また「**元神《げんしん》に合《がっ》する**」とは、つまり『得道』によって心霊が神霊へと生まれ変われば、至上霊界の『理天』極楽へ生まれ変わることが約束されて、なおかつ『得道』の法を求め得たその瞬間より、幻の世での悩苦を逃れて、『理天』極楽の住人となれるのです。

そして、いま現にいるところで、その身をもって「**元神に合する**」、つまり親神**老中**《ラウム》・南無阿弥陀仏《あみだぶつ》との感応がかないます。

ただし、現世での執着つまり夢幻から逃れられないでいる、その想いが強いと、瞬時には感応できません。「**元神に合する**」と認識するまでには相当時間がかかります（瞬時に感応できることを頓悟《とんご》といい、漸《よう》くしてから感応できるのを漸悟《ぜんご》といいます）。

それでも『得道』後は既に「元神に合して」いますから、神経を凝らしてわが身を見つめていれば誰もが相当な変化を見ることができます。

感応が増して鋭くなれば、開かれた玄関竅《げんかんきょう》が躍動してうずき、たましいの輝きが燦然《さんぜん》としてきます。靈は光、太陽と同じですから、その光が増せば増すほど霊光は高まり、玄妙関《げんみょうかん》が開かれて神との合体がかない、性命の喜びを味わうことができるようになります。

「西遊記・第一巻」第二回本文に、

ある日、祖師《そし》は壇《だん》に登り、
弟子たちを呼び集めて、
説法を始めました。それはまことに、
天花《てんか》乱れ堕《お》ち、地に金蓮《きんれんわ》湧く、
三乗《さんじょう》（小乗《しょうじょう》・中乗《ちゅうじょう》・大乗《だいじょう》）の
教えを妙演《みょうえん》し、精微《せいび》なる万法《ばんぽう》全《まった》し。
緩《おだ》やかに麈尾《しゅび》（払子《ほっす》）を揺《うご》かして
珠玉《しゅぎょく》を噴《ふ》き、響《ひび》き振《ふる》う雷霆《らいてい》は
九天《きゅうてん》を動《うご》かす。しばらく道を説き
しばらく禅《ぜん》を講じ、三家《さんか》（道家《どうか》・仏家《ぶっか》・儒家《じゅか》）
配合《はいごう》してもともと然《しか》るが如《ごと》し。
一字《いちのじ》を開明《かいめい》して誠の理に帰《き》し、
無生《むせい》を指引《ゆびさし》て性《せい》の玄《げん》（妙玄《みょうげん》）を了《さと》らしむ。

大道《だいどう》或は大乗《だいじょう》
または上乗《じょうじょう》を
名乗る限りは
『一指還天《いっしかんてん》』の
頓悟《とんご》の法が
なければならない。

とあります。

「ある日、祖師は壇に登り」説法を始めました。

『天地が創造されて、**老中**の子が中央に位《くらい》して降世した頃は、性は純浄で穢《けが》れなく、誠に善心であったので、死に際しては苦痛もなく、『理天』への帰天《きてん》も容易であった。

しかし光陰は矢の如くで、時が経てば世情での人心は、内にさまざまな欲求不満を抱き、社会的経済的条件の制約の中で苦しみながら堪え忍んで生きていかねばならなくなってしまった。

名誉心、金銭欲、権力欲などに貪欲となり、貪《むさぼ》りが世を覆《おお》ってしまい、人心はいちじるしく様変わりしてその業（カルマ）はますます深まるばかりで、人間社会の風紀は衰退し、人倫は地に堕ち、人情も義理も薄れて忍びがたい「**天花乱れ堕ち**」の状態にある。

「**天花**」の「**花**」とは「花道」という言葉があるように『道』を意味すると解釈すれば「**天の道乱れ落ち**」となり、さらに飛躍すれば「天の道」は「天の心」と解釈ができる。

つまり「天の心」は真偽、是非を識別する智慧のことで、本性と称され、本来善悪正邪をハッキリと判断できるものであったが、その本性を「**乱れ**」させて、つまり転倒させて心を迷わし、地位や身分や利害損得などの名利に執着して我を忘れ、そして苦の穴に「**堕ち**」てしまっているということになる。

そもそもわれわれ人間が世に下るとき、**老中**様（阿弥陀仏）から『人間界に降るに必要なことが示されて、是非、快く治世の法令を遵守して、そして東土《とうど》においての最初の人根《ひとのね》となり、功を積み、徳を重ね、素晴しき天下にするように』と教え諭された。しかし愚かなことに、今では、**老中**様との約束を忘れて、誠に「**天花乱れ堕ち**」となってしまっている。

しかしだ！　人間の本性は世情が堕落しかつ救われない状況に陥ったときには、たとえ信仰心が希薄であったとしても、否応なく平穏無事を求めて天に助けを求める情が高まるものである。

それは人間の本性そのものが、天の『一』つまり天の心で純真であるからにほかならないからだ。

すなわち、天がこの世にわれわれ神霊を降ろすとき、『理天』の理の字の『一』を取り去って、つまり理の字から埋の字にして、そしてこの世大地に埋もれて暮らすことを余儀なくさせた、だから人間は死後天に帰ることができずに、地に埋まり輪廻することになった。

これは天界に住まうことができる神佛の冠《かんむり》（位）を取り去ったということだ。字で解けば「土の下、寸《チョット》」のお寺の世話になるということだが、天の一を取られたということは、空を自由自在に飛び回ることができる仙衣《せんい》と雲鞋《うんか》を取られたということになる。男は雲鞋、女は仙衣がないと天界を駆け巡ったり、再び神霊としての逍遥自在《しょうようじざい》がかなわない。これがないと、たとえ人間界に降ったとしても思いのままに山や峰を飛び越えたり、海の上を歩いたり走ったり、陸を駆け抜けたり、また雲を駕《が》して空に舞い上がることもできない。

道を一歩一歩道を歩まねばならない。

しかし天は天の『一』を取り去って隠してしまったわけではない。

その天の『一』は天界から、われわれの体の中に霊なる心として存在させてくださっている。

霊なる心、本性は精神、神経と称されるが如く、そこに神としての存在が暗に示されてあるが、人間はそれを悟ろうとはせず、利欲や快楽ばかりを追い求め過ぎてしまったために、反《かえ》って人心の腐敗、道徳の頽廃《たいはい》を呼び、自らを一層危うくさせている。

利欲の心が増せば増すほど貪欲となり、神佛としての智慧も薄れて、官能の赴くままに悪を悪と思わず安易に行動を起こしてしまう。その結果として、四生六道輪廻が余儀なくなっているということも全然として思わない。

今では天の『一』の霊光も傷つけられ、何が偽りか何が真かの判別もままならず、人間自身の心が神であることも認め難くなってしまっている。

そして世情は乱れ、塵気《じんき》は日に日に増して、その霊明《れいめい》は日を追うごとに暗くなるばかりで「**天花乱れ堕ち**」て、本性は下へ下へと沈みがちとなり、頽廃した心は真実をしっかり見ることができなくなっている。

太上曰《だじょういわ》く（老子）、

「禍福《かふく》に門《もん》無《な》し、唯《ただ》人が自ら招くのみ、善悪の報《むく》いは、影《かげ》が形《かたち》に随《したが》うが如《ごと》く」

ということであるから、今からでも遅くない、古聖《こせい》の教えに遵《したが》って正しい『道』を求めれば、大道《だいどう》の玄機《げんき》（天の秘密）は遺《のこ》さず漏《も》らされて、穢れた本性を善に向かわしめることができる。

さらには天より生まれた本性は再び天に帰ることが許され、そして不老不死が永久にかなえられるのである。『道』を得ることは千載一遇の機縁である。『正法（得道）』を授かった後のその功果には見事なものがあり、「**地に金蓮湧く**《きんれんわ》」が如くである。

すなわち仏法によって授かった『正法（得道）』以後の人生は神佛からの慈悲が満遍なく施されて守護されるということだが、それは安心立命が約束されるということ！

つまり、これまでの因果（業・カルマ）が切れて悩みが解消されたり、日々の生活での精神的な苦労が和らいだり、うまくいかなかった家族を含めての人間関係が捗《はかど》るようになったり、進むに難だった障害がはずされたり、滅入っていた気持ちが不思議に晴れ晴れしてきて働く意欲が現れたりで、とにかく事故などあらゆる災禍を未然に防いでくださり、生きていくのに楽となる。

また『正法』は古では『心法《しんぽう》』と称されていたが、それは人心ではなく神経・精神という本来の神という心を再び目覚めさせるという功果があるといわれるからである。

随い『正法』を授かれば人心は神の心へと次第に移行して、俄然心が回復して元気になる。たとえ歳を取り老いたりとしても心は天からの恵みを受けて元気となり、認知という病もほぼなく、動くことも働くことも心の持ちようで容易となる。老いても精神的に楽というわけである。

それに人間には病気がつきものだが、『得道』でもって神の心となれば、心の温かみが全身に伝わって、冷え性は漸々《ぜんぜん》にして治まり、ガンなど大変な治療を必要とするものも次第に癒されて苦痛が軽くなり、痛みを伴う難病でも痛みは少なく緩和治療《かんわちりょう》も必要としない。

これは後々の世のあらゆる奇病難病にも対応して無事を得させる。つまり治療困難な病気に罹《かか》っても期間短くして軽く癒されるといわれる。すなわち病気になっても楽というわけである。

以上のように一生に一度『正法（得道）』を授かるだけで神佛の加護や守護が得られるのである。

艱難辛苦の荒行をしたり、経を唱えたり写経したりしても、実際に神佛との縁が結ばれていなければ神佛の守りは薄く期待できないが、その点、天道の『得道』は親神**老中**（南無阿弥陀佛）と直《ちょく》に繋がる訳であるから、その功果は大と言えよう。

死に際しては果てしない生死の流転（輪廻）から開放され、また『得道』によって神の霊となった心は逍遥自在となり、神佛の来迎《らいごう》でもって極楽『理天』へと迎えられる。

だから死者の死に顔は若かりし頃の美しい容貌にもどって、神々しい霊光が放たれ、少しも苦悶の様相もなく静かな微笑さえ浮かべている。

また死後硬直がないのは、経典に『悟りを開いた者はあらゆる災禍から身は守られ、さらに死に際して死後の硬直が無く、勿論その身は柔らかく、夏でも腐ることがない』と記されていてその限りである。すなわち死に際しても楽といえる。

日頃の生活においての憂悲苦悩もまた楽となり、親神**老中**（南無阿弥陀佛）を信じていれば、自然と軽く穏やかに治まるというものである。

これが本当の運をよくするということであって、俗にいう人生がよくなるということではない。

天下の人々が**老中**様の『道』を信じて、『正法（得道）』を授かれば、本性が回復して「**天下爛漫**《らんまん》**となり、地には金蓮**《きんれん》**が湧**《わ》**く**」ことは間違いない。

「**金**」とは、その方位は西を指し、西天浄土を意味する。

また「**蓮**」とは、極楽浄土においての神佛の座すところ、功徳による蓮品《れんぽん》を表している。

従い「**金蓮が湧く**」とは、神としての自覚を失った人心を、『得道』によって日頃の生活に安心立命を与えて守護し、そして再び本性へと回復させるのであるが、その功果によって、次第に『道』に目覚めた多くの者は、自らが菩薩であったことが自覚されて、天を仰ぎ見るようになる。

悟りが開かれることによって真理真伝（真理のまことの伝え）が悟れたことから、その気持ちを数多くの人に伝え広めて、功徳を積んでいくようになる。すなわち菩薩のような気持ちの者が数多く育てば育つ程に「**地には金蓮が湧く**」ことになるというわけだ。

その『道』は天地創造以前からあった天道すなわち『理天』極楽がその源である。なぜ『理天』かといえば、われわれの宇宙の姿を垣間見ればよく理解できる。

各々の星は一定の法則と秩序を保って自転、公転して循環運行しているが、そのすべてが理路整然として乱れることがない。この正しい流れがあればこそ、不変の真理といえるからである。つまりこの真理の当然の働きがあって初めて、「一」という宇宙の根本生命の働きが理解されるのである。

書に「物には本末がある。事には終始がある。後先を知れば道に近し」とあるのもそれを物語っている。つまり『道』の根源は、われわれが垣間見ることのできる宇宙のそれ以前の世界、つまりそれは「**理**」をもって統治する『理天』極楽（仏界・天堂）といわれ、そこに天地創造主・**老䒤**様すなわち南無阿弥陀仏が居られる。

したがって宇宙根本生命の真理の働きは、親神**老䒤**様御自身そのものである。

その親神様から人間一人一人に降ろされた『道』を『大道』というのだが、この大道という真の意味を知る者はまことに少ない。

字でもってすれば、一と人に分けられる。

この「一」が、人間自身の霊性つまり本性で心であるが、それは蔵《かく》されていて見えない。

しかしその蔵された吾が心を悟り返せば、『道』によって心のふるさと極楽『理天』に帰ることができる。

これを悟りを得る、あるいは悟りを開くといって、本来の本性の居場所を悟るわけであるが、これは世に隠された唯一の「道法」を用いて一指還天《いっしかんてん》（帰天）する頓悟《とんご》の法である。

すなわち『得道』でもって、一瞬に悟りを開き即身成仏するといわれるものである。

この法を伝える『道』のことを大道あるいは大乗あるいは上乗《じょうじょう》という。

老中様はこの仏法の『大道』を、人間の最初の継承者として太古の皇帝伏儀氏《こうていふくぎし》に伝え、そして一脈相承《いちみゃくそうしょう》して単伝独受《たんでんどくじゅ》すなわち一人から一人、祖師から祖師に伝えることを命じた。

つまり、本性を悟る法は絶対に世間に公表してはならぬ、と命じられたのである。

この絶対秘密の法は『心法』と名づけられ、以後代々の帝王皇帝に単伝独受され、そして道教《どうきょう》の老子《ろうし》へ、老子から儒教《じゅきょう》の孔子《こうし》・曽子《そうし》・思子《しし》・孟子《もうし》に伝えられたが、以後中断して、相当な時を経てから釈迦が誕生して『道』を仏教に伝える仲介をしたのだが、その折これまでの『心法』を『正法』と改め、道法は「教外別伝」であることを明らかにされた。つまり、普段の教え以外の教えとして、法の絶対秘密を明らかに世に顕さなかったのである。

その『正法』は釈迦の二十八代の弟子たちに伝えられて、その最後の弟子である達磨大師が中国に渡り禅宗（禅の字はシメスヘンに単、つまり一）の開祖となって、そして禅宗六代慧能祖《えのうそ》まで伝えられたが、以後大道の大乗は儒教に戻り、「先天道《せんてんのみち》」と名を改め伝えられた。

その後、第十六代劉祖《りゅうそ》の時、一八八六年三月十五日の春季大典において、それまで道教〜儒教〜仏教へと引き継がれた道統の道脈は、**老中**様からの指示により「三極一貫大道《さんきょくいっかんだいどう》」として『正法』は『得道』と称されて世に伝えることが許されるようになった。

故に、『理天』極楽に還天する頓悟の「法」を有しない限り大乗（上乗）とはいえないのである。

また中乗は、『正法』の奥義真伝から遠ざかって形式を行い、規則や戒律を重んじて教団を興し、座禅・瞑想・断食《だんじき》・荒行などの艱難辛苦の行によって、霊性を最も高度にするための精神的な供養を求めて、心から仏に仕えて、礼拝する、香華《こうげ》や燈明《とうみょう》や飲食《おんじき》を奉るという法である。とりわけ供養の中でも最大の供養は、法供養といって、真理や仏の教えを説くことであるとされ、法供養こそ仏法僧《ぶっぽうそう》の三宝《さんぼう》に対する最高の供養とされる

その供養の大事としての第一は菩提心を発《おこ》すこと、第二は一切衆生《いっさいしゅじょう》を済度《さいど》すること、第三は経典を読誦《どくじゅ》してよく解説し、これを心に銘記して、体に体現すること、第四に智慧を磨き、その智慧を保持してよく思惟《しい》し、他にもすすめて智慧にもとづく生活を実行させること、これが真の供養であるとされる。以上のような供養の励みに、神佛像に向かい経を唱えたり、写経したりして神佛との一体感を味わうことで、効験《こうけん》があるとするのが中《ちゅう》乗《じょう》像法《ぞうほう》の教えである。

これは根源の『二』が抜けているので、あくまでも修持《しゅうじ》によって真理を究明しなければならない。しかしその大方は自己満足でもって悟る以外なく、遂に力尽きて堕《お》ちる中《ちゅう》乗《じょう》気天《きてん》の法である。

また小乗は、中乗の教えを説いではいるが、主に来世の幸福や現世利益をうたい文句にして衆生を集めて、戒律や教義でもって信心を仰ぎ、仏像を造ってその対象としている。経典を諳《そら》んじ、題目《だいもく》を念じ、貪欲を断たせて財施をさせ、善事陰徳《ぜんじいんとく》を重ねさせて善因善果の法を説き、法要、祭事を営み、葬儀を為して途を行うが、すべて自分の利益安全を願

う心が強いので、四生六道輪廻の途から逃れることはできない。
これは正しい法が薄れて、心の悟りを失っている小乗《しょうじょう》利益《りやく》の教えである。従い物質を重んじ、名利利益に偏《かたよ》る小乗は末法《まっぽう》とも称され時運の移り変わりによって仏法が薄れていくことを現している。……』

祖師の説法はますます熱が入り、「**緩《おだ》やかに麈尾《しゅび》（払子《ほっす》）を動かして珠玉《しゅぎょく》を噴《ふ》き**」つまり扇子を扇ぎ、そして流れ出る汗を抑えながら、その説法する声は「**響《ひび》き振《ふる》う雷霆《らいてい》は九《きゅう》天《てん》を動《うご》かす**」、つまり雷鳴《らいめい》の如く大きく、天上界「九天」までも轟《とどろ》くほどで、「三乗《さんじょう》（**小《しょう》乗《じょう》・中乗《ちゅうじょう》・大乗《だいじょう》）の教えを妙演《みょうえん》し**」止まるところを知らず「**しばらく道を説きしばらく禅《ぜん》を講じ**、三家《さんか》**（道家《どうか》・仏家《ぶっか》・儒家《じゅか》）配合《はいごう》してもともと然《しか》るが如《ごと》し**」といったところで、なおも説法は続きます。

『**道**についてさらに「**説けば**」、『**道**』の発現《はつげん》は、易の始祖《しそ》伏儀皇《ふくぎこう》の時代に中国の黄河《こうが》から出た「龍目《りゅうめ》」の背中に描かれていた先天八卦の『河図《かと》』（六〇頁参照）によって知ることができる。

その背中の中央に白○が十字型に五つ、
白○五の周りに黒●が十、これはまさに
宇宙創造の最初の過程を示した
陰陽の縮図《しゅくず》・天盤《てんばん》である。
そこには『道』の淵源《えんげん》は元始《げんし》にある
ことが示されてある。
つまり白○の十字型の五つの象《かたち》を
皆一の字にしてみれば日という字になる。

『一』を縮めれば・《てん》
両端を結べば○《まる》
○を伸ばせば『一』
五つの○を皆、
一にすれば『日』
という字になる。

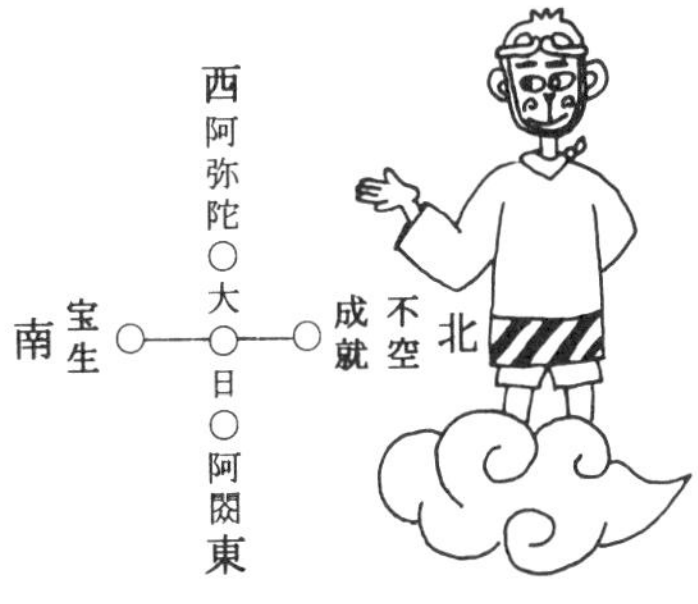

無極元始《むきょくげんし》の『一』を示唆する「日」の字は、その一炁《いっき》（火の一陽《いちよう》すなわち太陽）が中央に位《くらい》し、そして東南西北という方位が定まったことを示している。

これは金剛曼荼羅《こんごうまんだら》の中央に位置して見られる。

以上を「無極《むきょく》が一動《いちどう》して大極《たいきょく》（陰陽・天地）が生じた」といい、易では「一は二を生じた」という。

この無極元始の最も優れた祖元玄炁《そげんげんき》（元気）すなわち正気《せいき》でもって造《つく》られたのが人間で

ある。従って「人は先天に生まれる」という。

すなわち人間は無極元始の霊根の**母老中**《ははラウム》（南無阿弥陀仏）から生まれた無極の原霊《げんれい》であるから、まさに人間は神霊《しんれい》であるということになる。

人間の**間**《げん》という字には**日**《ひ》という印《しるし》が記されていることから見ても、人間はすなわち無極の原霊がなったものであるということが間違いなく証明されている。

また**人**という字は天地の正気から生じた陰陽の体であることは、**人**という字のノは陰、**㇏**は陽で、二気であることも字でもってしても明らかである。

従い人身は陰陽の二気を具えていて、一つの小天地（小宇宙）を有しているわけであるから、もし人が正気の『道』をもって霊気《れいき》を運用すれば、天地の祖元玄炁《そげんげんき》と合い、陰陽の大極を超出《ちょうしゅつ》して無極に戻ることができる。

つまり、これを字でもって明らかにすれば、**人**という字のノは陰、**㇏**は陽であるが、『一』の祖元玄炁の一陽を得てもって**㇏**の陽を回復すれば、**㇏**は大きく伸びて**人**の字は**入**の字に変化して、**門**の中の**日**に**入**ることがかない、無極元始《むきょくげんし》に合うことになる。

人→入となり、**日**に**入門**することがかなう。

そのように人間誕生の折、**霊根の母《はは》老中《ラウム》**の玄炁《げんき》が人体の霊の正門・玄関から入り『性《せい》』すなわち神霊として中心的存在となって収まり、そして性命を維持しているわけであるから、人身も天と同じく五体、五臓といった五つ組を持って成り立っている。

つまり、心が五つ（霊なる心1、手心2、足心2）首が五つ（頭を支える首1、手首2、足首2）それに手足の指が左右に五つずつ。眼・鼻・耳・口・意で五つといったふうに、天と同じ数をもって小天地を構成維持している。

これは人における天道、すなわち『道』の現れである。

以上は天地創造と称する「造《ぞう》」つまり本《もと》であって「化《か》」ではない。

これが天も神、地も神、人も神といわれる天地人三才の『道』の首《はじめ》である。

そのようなことから道統は始祖伏儀皇《しそふくぎこう》に始まって第七代祖 堯帝《ぎょうてい》へと継がれたのであるが、何事も造すれば化すで、続いて道統を第八代祖 舜帝《しゅんてい》に引き継ぐ時、「允《まこと》に厥《そ》の中《なか》を執《と》れ」という言葉を加えて天命の大道を託した。

しかし、真伝の『心法』はもともと形相のないもので、心印《しんいん》であるから本来字や形で表されるものではない。あくまでも『心法』は道真《どうしん》・理真《りしん》・天命真《てんめいしん》でもって悟るものであるが、言葉を加えたことは、その天の理が理解し難いことを懼《おそ》れて大事を取ったのであろう。

そのようなことから第八代祖舜帝の時に、天は「洛書《らくしょ》」（六三頁参照）つまり「神亀《しんき》」の背に後天の八卦を描いて現し、それを帝王学と称して天命の大道を世に明らかにしたのである。

すなわち、これを造化の化といって「二は三を生じ、そして万物が生じた」ということであるが、この造化の化のことを「一理《いちり》は萬殊《ばんしゅ》に散《ち》る」と謂う。

であるから先天から化したのが後天である。

以後、禹《う》・湯《とう》・文《ぶん》・武《ぶ》・周公《しゅうこう》の各帝王が道統を接続《せつぞく》していくわけだが、周公に至って後天の八卦は周易《しゅうえき》と称されてその学は完成され、今日に至っている。

以上のことは中国の古書物や詩文を見ればわかるが、しかしこれは凡人民衆には知る由《よし》もないことである。

以上天命の『道』は君王《くんおう》に在る時代が終わって、これより禅譲《ぜんじょう》（天子《てんし》が世襲《せしゅう》せず、徳のある者にその位を譲《ゆず》ること）の時代となる。

聖人で天命を最初に拝受されたのが道教の老子《ろうし》様である。老子様は

「大道無形《むけい》にして天地を成育《せいいく》し、大道無情にして日月を運行《うんこう》し、大道無名《むめい》にして、万物を

長養《ちょうよう》す。吾《わ》れ其の名を知らず、強《し》いて名づけて道と曰《い》う」と天地創造の妙、すなわち道教の淵源《えんげん》は元始《げんし》にあることを明らかに説いた。

また「**一字を解明して**」の『一』とは理のことで、その理の文字から『一』を取れば埋もれるの「埋」の字になってしまう。これが漢字の字形の妙とされるところであって、それなりの理屈が具わっている。であるから天に理がなければ立たず、地に理がなければ自然は長きに渡って成り立たず、人に理がなければ平穏に生き続けることはかなわないのである。

故に、およそ人は理の『一』を得て大と為すのである（一と人すなわち大という字となる）。

故に老子から『心法』を授かった儒教の孔子は「吾が道《みち》は一《いち》これを以《もっ》て貫《つらぬ》く」という詞《ことば》でもって意味を示し、以後一貫道《いっかんどう》と称して天命の『道』を曾子《そうし》に伝えている。

そして曾子は子思《しし》に伝え、子思は孟子《もうし》に伝えたが、孟子の時、運に応じて真伝《しんでん》が中絶し、遥か天竺《てんじく》に道脈が移ってインドでは釈尊が誕生してその天命を拝受《はいじゅ》したことは前にも述べているが、道教、儒教、仏教の三教が心を伝えるのはこの『一』を伝えるのである。

故に釈迦が伝えた「禅《ぜん》」というその教えの文字は「単《たん》を示《しめ》す」と書かれている。

つまり『一』を示すという意味で、真伝は教外別伝であることから『禅』という字に真理を潜ませて、その『一』の字の存在を自ら悟ることを求めたのである。

そこで結跏趺坐《けっかふざ》という座禅が登場するわけだが、なにせ真伝は「教外別伝」であるから、釈尊が華《はな》を手で拈《しめ》されたのに微笑《びしょう》で応《こた》えたのが迦葉尊者《かしょうそんじゃ》ただ一人だけであったが、他の弟子たちは釈尊の本意を解せなかった。

であるから『一』の真伝は他の弟子たちには皆目判《かいもくわか》らずじまいで、そのときの釈尊の言葉、「吾《われ》に正法眼蔵《しょうぼうげんぞう》あり、涅槃妙心《ねはんみょうしん》・実相非相《じっそうひそう》・微妙法門《びみょうほうもん》・教外別伝《ぎょうげべつでん》・不立文字《ふりゅうもじ》・以心伝心《いしんでんしん》」という『正法』の天機《てんき》すなわち天の秘密儀を迦葉尊者《かしょうそんじゃ》を除いて誰一人理解することができなかったのである。以上のような事情があって他の弟子たちは、釈迦のことばを手前勝手に解釈して「禅」に勤め、修持した結果が、今日の仏教の教義となっているというわけだが、それにより無我の境地に至って、法を正しく見る目を養う、真理を見抜く目を養う、煩悩のない静かな状態を求めるなど、日々瞑想を続けて佛を追い求めることでもって悟りを開こうと懸命に行をしたり、宇宙真理を刹那的《せつなてき》に思い描くことで悟りを開こうとしている。

これは笑止千万と言わずして他に言いようがない。

瞑想の瞑は暗い、かすか、見えないといった意味で、また想という字は相《かたち》の心であるから、当然無我になりきることはできない。

これでは自分自身の霊魂もまた人々の霊魂も救うことは不可能だといってもおかしくない。

天道ではこれを「守玄《しゅげん》」といい、悟りの門、玄妙関《げんみょうかん》を堅く守るだけで生気は得られるのである。

『守玄《しゅげん》』する時は
天橋《てんきょう》（舌を上あごに
つけること）が大事だ。
それに鼻筋が通って
いるかどうか！

随って「**三家《さんか》（道家《どうか》・仏家《ぶっか》・儒家《じゅか》）配合《はいごう》してもともと然《しか》るが如《ごと》し**」といわれるのは、つまり大舜《だいしゅん》（舜帝《しゅんてい》）は「一《いち》を精《せい》す」といい、孔子《こうし》は「一《いち》を貫《つらぬ》く」といい、老子《ろうし》は「元《もと》を抱《いだ》いて一《いち》を守《まも》る」といい、釈迦《しゃか》は「萬法《ばんぽう》は一《いち》に帰《き》す」ということに通じて、そういわれている。

つまり真理真伝の道統の流れは時代、人物、名称、所を違えても皆等しく共通しているという意味で、聖人の教えていることは皆同じであるから、道教、儒教、仏教といってその教えを区別する必要はない。

「理」でもって説く天道は道教、儒教、仏教の流れの中にある訳であるからまた然りであるが、天道と一般宗教との本質的な違いは、天道には「理」に通じた道法すなわち『得道』を授けるという「天命」があるということである。

以上のことが理解できれば、『一』の理は数の始めであり、万物の源とであり、また万事の始めであることがわかる。

しかれば『道』は遠くに求める必要はない。

玄妙《げんみょう》の悟りの門はただ常に清浄な両眼の目の中に在るのであるから、明師の一指を求めて、「神は一を得てもって霊（人間）なり」の悟りの玄妙関《げんみょうかん》を開いてもらえば、逆もまた真なりで再び霊は因果を生む以前の神にもどり、四生六道輪廻を余儀なくされる地獄途から免れることがかなうのである』

祖師の説法はますます熱が入って止まらず、さらに深く弟子たちに「**一字を解明して**」その玄妙を知らしめて理解を深め、そして徳を修めさせようと、その熱弁は……さらに続きます。

『天道の教えは易、仏教の教えは曼荼羅としてみれば形を変えただけで、共に共通した思想の元で流れてきていることは明白であるが、ただ長い歴史の流れの中に仏教は私見が入ってしまって自我《われより》作古《いにしえをなす》（先例にこだわらず、自分から後世の手本となるような教えを作り出すこと）でもって自衛擁護してきたことから、互いが認め難い間柄に陥ってしまっていることは否めない事実である。しかし天道の教え、易では

『二』を「南」と位置づけて、

南無阿弥陀佛、**中**としているが、

仏教では南無釈迦《なむしゃか》、

南無観音《なむかんのん》、南無菩薩《なむぼさつ》と称して、

悟りを開いた神佛には

南無という言葉を名前の上に

冠《かん》して尊称している。

その「南無」と同様な意味を持つものに、西洋諸国では聖人、聖者、聖徒のことをセント、サント、ス、サンと言って、名前の上に冠して敬っているが、そのセント、サント、

ス、サンの言葉上の意味は「南」と訳されるところからみても、世界中のすべての信仰は『一』が原点であるということは、これまでの話でわかってもらえるものと思う。

そのように物事を理解できれば、すべての教えは共通して同じ『一』の道を求めていることが互いに知れることである。

理は『一』すなわち答えは一つであるのが理の当然であって、其の『一』を求めぬ限りは、「理」の文字から一を抜かれた「埋」の文字を抱いたまま、人は死後土の下に埋葬されて、再び四生六道輪廻を余儀なくされるのである。

また後に残された者は死者に対して「冥福を祈る」のであるが、冥という字は暗い、つまり光がなくて暗い、よく見えないという意味であるから、冥途への旅立ちが如何なるものか、よくよく考えなくてはならない。

この世の知識や物事をいくら学んでも、それは造化の化すなわち「始め」あっての結末であるから、造化の化である限り結局は、化やば化し、化せば化すという因果を作り続けるだけで、これでいいのだという行き着くところはなく、どこまでも終わりのないものとなってしまうのである。

古の聖人が追い求めた、求めるべきものは「人間究極の目的地」である天地創造の「造」

で、つまり物事の始まりの『一』であって、そこにあるのは楽の境地、仏界・天堂の『理天』極楽浄土であることがわかればいい、それは一歩、南無阿弥陀佛に近づいたことになる。であるから、人々が『一』を得て、そして「**誠の理に帰して**」即身成仏し、南無阿弥陀佛の居られる『理天』極楽の原点《ふるさと》に戻ることを希望する。

また天道では南無阿弥陀様のことを**無**《む》**生**《せい》**老**《ラウ》**中**《ム》と尊称申し上げているが、その「無生」とは如何なるものかといえば、それは言葉でもって言えば「生《せい》が無《な》い」ということだが、生がなければ当然死がないということになる。すなわち生死を繰り返さなければならない因果は存在しないのである。

逆に有生《ゆうせい》となると、つまり「ものには本末《ほんまつ》がある。事《こと》には終始《しゅうし》がある。後先《あとさき》を知《し》れば道《みち》に近《ちか》し」と書にあるが如く、例えば人はこの世に生まれると、その人生には宿命というものが背負わされている。つまり宿命の「宿」とは、原因あっての結果という業（カルマ）のことで、これを宿星というが、カルマすなわち業は、人それぞれが持つ生年月日時に宿っていて、そして人生途上によい現象を現したり、苦悩や苦痛などが起きる悪い現象を現したりする。

人はこの世において善悪の現象を結果として受けながら命を運んで生きているのである。

これは前世、前前世においてつくった善悪の行いが「本」となり、その「末」に結果が、今生において体験させられるということになる。

それは霊魂不滅という言葉があるように、不滅とは滅びることがない、つまり霊魂はなくなることがないという意味であるから、霊魂は四生六道輪廻し続けて、そして生死を繰り返していることになる。ゆえに再び「復活」すると言われるのである。

今生この世で幸せでいれるかあるいは苦をもって罪を贖わなくてはならないかは、自らが過去に為してきた結果であって、その責任を負うものである。

であるから、虐《しいた》げられるほど苦労の多い人生であっても、健康や金銭に恵まれない人生であっても、また波乱万丈の人生であっても、怨むこと自体本末を転倒していることになる。

この世における何事も自から原因があっての結果であることを知らねばならない。

では今生の人生でもって前世、前前世で犯した罪の清算が終わるのかといえば、そうではない。業（カルマ）のすべてが清算できる者はほとんどいない。大方の者はさらに今生で罪を重ねてそして死ぬ、死ねばまた生まれる。これが終始であって、常に繰り返して終わりることもなければ、新たに始まるということもない。

永遠に生死を繰り返して、後にも先にも四生六道輪廻転生を限りなく続けていくのである。

だから生老病死があり、憂悲苦悩が付きまとって離れないのである。

以上のように、すべて人生に因果がまとわりついている限り、苦悩以外の何ものでもないことがわかれば、人生というもの自体が仕方なく空しいものだと知れて当然である。

これまでの人生もまたこの先の人生も因果によって、そして命は運ばれていくことになるのであるから、人生を真剣に考えようと思うならちょっと考えを改めて、今後のことを考えるより、自らを修めることがまず大事だと知って、どうすれば因果から解脱することができるか、そのことを真剣に考えることの方が大事だ。

それは決して人生途上、三途の川、冥途という輪廻転生の途ではない。因縁因果のない、永遠に幸せを享受できる『理天』極楽への極楽道を模索することが大事だ。

優柔不断に人生を送る者は現状がよければ不満なく過ごし、現状が悪ければ不満や不足を言い並べて、なんとか得することを求めるだろうが、真剣に人生を考える者は、自分にとっての最高のものを求めなければならない。

その感情の高まりは「道に近し」で、因縁因果の存在しない永遠の命を求めると思う。

つまり生老病死も憂悲苦悩もない平安な境界を思い浮かべるからだ。

そのような環境がかなうものは神佛の世界しか存在しない。

その神の境界に臨むことを欲するなら、『道』に頼る以外、ほかにすべはないのである。「生死」というものが存在しなければ、生老病死も憂悲苦悩も存在しないのである。本がなければ末はない。始めがなければ終わりがない。なれば、後先のことを考える必要がない。

以上のように人生を突き詰めて考えれば、「無生」の存在が浮かび上がってくる。無生の世界は存在する。ゆえに『理天』極楽においては、不老不死、超生了死《ちょうせいりょうし》、不生《ふしょう》不滅《ふめつ》、永生不死《えいせいふし》といったことがいわれるのは因果の存在しない仙仏神聖の世界のことを顕している。

つまり日月星辰の運行も、『道』も本は無形であるから、もともと因果はない。因果が存在するとするのは人が無形「色即是空・空即是色」を有形と錯覚してそれに対応しているからである。

人は概して先天、老中様の『理天』極楽から理の文字の『一』を抜かれてこの世に降ってきたのであるから、天に帰ることがかなわず、地に「埋もれて」暮らすことになってしまった。

その限りであるから、終始、本末、後先の理屈がわかれば、理に応じた『道』に順じて原点《ふるさと》に返ればよい。

人々が帰ることを考えず望まないのは、皆この世の物事が現実だと認めて、自我に縛りつけられているだけであって、できないのではない。いち早く考えを改めて自ら生死を脱する『道』を求めればいいのである。

心の扉を開くについては「**無生《むせい》を指引《ゆびさし》て**」で、**老中**様からの天命を承った明師《めいし》活佛《かつぶつ》（天然古佛《てんねんこぶつ》）の一指《いっし》でもって開破《かいは》してもらわなくてはならない。

そうすれば不生不滅の「無生」の境地に到達する扉を開くことができる。

それを天道では『得道』というが、『道』を得て『理天』極楽に帰る扉が開けば、「**性《せい》の玄《げん》（玄妙《げんみょう》）を了《さと》らしむ**」で、これまでの人生で心霊《こころ》が何かで煩《わずら》って、考えが乱れていたものが、次第に平らかな心を取り戻して気が静まってくる。

以後、『道』を信じて誠の心でもって人生を求めるなら、その心は水が波を打たず止まった状態になり、自らの聖霊が現れ始めて、思念は集中しやすくなって紛乱しなくなるが、感応がない者は、その心の中に煩悩や怨恨が根強くいら立っているからだ。

『道』は人の遠くにあるものではない。ただ人が敬遠して自ら遠のいているだけである。

世の人が『道』の話を聞いても、まだほかによい道があると四方を探し回って奔走しても、カルマを消滅して平安を得る道はなく、かえって奇門異術《きもんいじゅつ》や左道旁門《さどうぼうもん》に出会って心の穢れは日に日に増すばかりで、他に苦を離れて楽を得る法はなく、終局的には因果でもって疲労困憊《こんぱい》するばかりである。

心を静かにして内に向かい、自らの神を求めれば、必ず、神佛の感応を得ることがかなうようになる。

「**玄妙**」とは悟りの門、霊の正門・玄関を明師（點伝師）の妙法でもって開いていただくことであるが、その「**妙**」という字には女の字が入っている。すなわち**老中**の南無妙法《なむみょうほう》である。

（母 0）

【母】 教 常 慣ボ 呉モ 漢ボウ 有 mǔ ── はは

解字 象形指事。 女（ ）に乳房をしめす点を加え、「はは」の意を表す。

注意 毌カン（＝つらぬく）・毋ブ（＝ない）は別の字。

熱をおびた祖師の話は孫悟空を大喜びさせます。……「西遊記・第一巻」第二回本文に、

説法を聞いているうちに、
孫悟空はうれしさのあまり、
耳をかいたりあごをなでたりして、
大《だい》にこにこ、思わず手を振り、
足を踏《ふ》み鳴らします。

不老不死の『理天』
極楽に帰る『道』
があるという
妙音《みょうおん》を聞いて
悦《よろこ》ぶ孫悟空

これは、祖師が説法したこれまでの話の内容をわずかも漏らさず聞き入っていた孫悟空の歓喜《かんき》の様相《ようそう》ですが、それはかつて仙境《せんきょう》（水簾洞《すいれんどう》）に住まいし頃、～～第一回本文に戻って、

「これから先、年をとり血気《けっき》が衰《おとろ》えてくると閻魔大王《えんまだいおう》が陰《かげ》でこっそり指図《さしず》するようになる。いったん死んでしまえば、この世に生まれた甲斐《かい》がない。天人（天上界《てんじょうかい》の人。ここでは仙人の意）の列に入れてもらえないではないか」

と嘆《なげ》いた孫悟空でしたが、一匹の手長猿《てながざる》が、

「王様がそのように案じられるのは、いわゆる道心《どうしん》が生じたというもの、いったいこの世の五種類の動物のなかに、閻魔大王の指図を認めないすぐれた種類が三つだけございます」

「どんな三つだ？」

「仏と仙と神聖の三つでございます。この三つは輪廻をのがれ、不生不滅《ふしょうふめつ》でございまして、天地山川と寿《よわい》を等しくしています」

「その三つはどこにおられるのだ？」

「それは閻浮世界《えんぶせかい》の中、古洞仙山《こどうせんざん》の内に居られます」

それを聞くと、猴王《こうおう》は大よろこび、

「わしはあす、おぬしたちにいとまを告げて、山を下り、海の隅《すみ》、天の果《は》てまで漫遊《まんゆう》して、この三つをたずね、不老不死の術を学んで、閻魔の君《きみ》の難をのがれることにいたそう」

つまり以上のような話があって、今まさにその話が祖師から聞かされたわけですから、喜びは人一倍の様子です。

しかしだからといって、不生不滅、不老不死の境界《きょうかい》である『理天《りてん》』極楽浄土に至る不《ふ》

二法門《じほうもん》の法すなわちこの世では二つとない仏法は容易には授けていただくことはできないようです。

その時の祖師と孫悟空との掛け合いの様子を、第二回本文に戻ってみてみますと、

「そなたはなんでそのようにおどり狂っておるのだ？　わたしの説法を聞きもせずに」

すると孫悟空は、

「私は一生懸命に拝聴《はいちょう》していましたが、お師匠《ししょう》さまの妙音《みょうおん》を耳にいたしましたとき、うれしくてたまらず、思わずおどりあがった次第でございます。なにとぞおゆるしくださいませ」

「そなた、妙音がわかるというのであれば、ちとたずねるが、ここへ来てから、そなた、どれくらいになるのだ？」

「わたくし、生来《せいらい》おろか者でございまして、どれくらいになるか、わかりませぬ。ただ、かまどに火がなくなれば、いつも裏山へたきぎを取りに行きますが、その山には一面にみごとな桃の木がございまして、わたくしはそこでたしか七回桃の実を食べました」

「あの山は爛桃山《らんとうざん》という名まえだ。七回食べたというのであれば、七年になるわけだな。

してそなたは、いま、わしからどんな道を学ぼうと言うのだ？」

「それはお師匠さまのお指図《さしず》におまかせして、道の気《け》さえあれば、それを学びます」

「そもそも『道』字門《じもん》には、傍門《ぼうもん》が三百六十ある。傍門にもみな正しい果《さとり》があるが、そなたはどの門を学ぶのだ？」

「それはお師匠さまのお考えにおまかせして、わたくしはお考えどおりにいたします」

「では『術《じゅつ》』字門の道を教えてとらせようか」

「術字門の道というのは、どのようなものでございますか」

「術字門は、神おろしをする扶鸞《うらない》（「こっくり」に似たうらない）蓍《めどぎ》（筮竹《ぜいちく》）を揲《かぞ》える占《うら》筮《ない》だ。吉《きち》に趨《おもむ》き、凶《きょう》を避《さ》ける理《みち》を知ることができる」

「そのようなもので、不老不死が得られましょうか」

「それはできぬな」

「では、学びませぬ」

「では、『流《りゅう》』字門の道を教えてとらせようか」

「流字門には、どのような道理《みちのり》がございますか」

「流字門には、儒家《じゅか》、釈家《しゃくか》、道家《どうけ》、陰陽家《いんようか》、墨家《ぼくか》、医家《いか》、あるいは読経《どきょう》、あるいは念《ねん》仏《ぶつ》、それから朝真《ちょうしん》（仏教の座禅に似た道士《どうし》の勤行《ごんぎょう》）、降聖《かみおろし》の類がある」

「そのようなもので不老不死が得られましょうか」

「それで不老不死を得ようとするのは、『壁《かべ》の中に支柱《しちゅう》を立てる』ようなものだ」

お師匠さま、わたくしは実直者《じっちょくもの》で、町中《まちなか》のことばは存じませぬ。『壁の中に支柱を立てる』というのは、どういうことでございますか」

「家を建てるとき、丈夫《じょうぶ》にしようとして、壁のなかに柱《はしら》を立てたところで、いつの日にか建物は崩《くず》れ、柱は朽《く》ちるものだ」

「そういたしますと、やはり永遠というわけにはまいりませぬな。では学びませぬ」

「では『静《せい》』字門の道を教えてとらせようか」

「静字門にはどのような正しい果がございますか」

「これは木食《もくじき》して谷《こく》を守る、（瞑想《めいそう》して太虚《たいきょ》、太空《たいくう》を守る。すなわち空《くう》を悟《さと》る）清静無為《せいじょうむい》を保《たも》つ、坐禅《ざぜん》を組む、語《かた》るを戒《いまし》め、斎《さい》を持《じ》する。眠ったままの修行もあり、立ったままの修行もあり、また入定《にゅうじょう》（仏家の修行法。心を一点に定《さだ》めて、身業《しんぎょう》（行動）口業《くぎょう》（言語《げんご》表現《ひょうげん》）意業《いぎょう》（意思）を停止すること）、坐関《ざかん》の類もある（仏家、また道士の修行法。からだ一つを入れるだけの小屋や洞《あな》に閉じこもって、長期間、外界と交渉を断つこと）」

「そのようにすれば、不老不死ができましょうか」

「それも『窯《かま》のそばのまだ焼かぬ煉瓦《れんが》』のようなものだ」

「お師匠さまのお話は、こんども訳が分かりませぬ。さきほどから町中の言葉は存じませぬと申し上げておりますのに、なんで『窯のそばのまだ焼かぬ煉瓦』などとおっしゃいますので？」

「つまり、これから窯に入れて煉瓦にする四角い粘土《ねんど》のようなものだというのだ。形こそ、整っておるが、まだ、水火《すいか》の鍛錬《たんれん》を経《へ》ておらぬゆえ、ひとたび雨が降ればたちまちくずれてしまう」

「やはり永久というわけには参りませぬな。では、学びませぬ」

「では『動《どう》』字門の道を教えてとらせようか」

「動の門の道と申しますと、どのようなものでございますか」

「これはさまざまな活動だ。つまり、陰《いん》を採《と》り陽《よう》を補《おぎな》う。弓《ゆみ》を攀《ひ》き弩《いしゆみ》を踏《ふ》む。臍《へそ》を摩《さす》って気を通じさせる。術《じゅつ》を用いて薬を調合《ちょうごう》する。茅《かや》を焼く。鼎《かなえ》を打《つく》り、紅鉛《こうえん》（処女《しょじょ》の経血《けいけつ》）を入れて秋石《しゅうせき》（童男《おぐな》の尿《にょう》を煮《に》つめたもの）を練《ね》る。また女人の乳《ちち》を服用《ふくよう》するなどのたぐいだ」

「このようにすれば、不老不死が得られましょうか」

「このようにして不老不死を願ったところで、『水の中で月を撈《すく》う』ようなものだ」

「お師匠さま、またそれだ。『水の中で月を撈う』というのはなんのことでございますか」

「月が大空にあれば、水の中に影が映る。姿は見えるが、つかまえられぬ。空《くう》を打つだけだ」

「では、学びませぬ」

それを聞くと祖師は舌打《したう》ちして壇《だん》から飛びおり、戒尺《かいしゃく》を手にとって悟空に突きつけながら、「この猿《さる》め、あれも学ばぬ、これも学ばぬとはどういう了見《りょうけん》だ？」

そう言うと、歩み寄って、悟空の頭を三度たたき、両手をうしろにまわして、奥にはいり、中の扉《とびら》をしめて、一同《いちどう》を置いてきぼりにしてしまいました。

びっくりしたのは説法を聞いていた連中、みんな恐慌《きょうこう》を来《き》たして、悟空を責《せ》め、

～～略～

ぼやいて、悟空をののしるやら怨《うら》むやらしましたが、悟空は少しも腹を立てず、顔じゅうにあいそ笑いを浮かべております。

それというのも、早くも悟空は謎《なぞ》をといて、こっそり心の中に隠《かく》していたからで、ですからけんかはやめにして、じっとがまんして、黙っていたのでした。

祖師が自分を三度たたいたのは、夜中の三更《さんこう》（午前零時）を心にとめておけということ、両手をうしろにまわして、奥にはいり、中の扉を閉めたのは、裏の扉からはいれば、奥まった所で道術《どうじゅつ》（不老不死の法『得道』）を伝授《でんじゅ》するということだったわけです。

以上「西遊記」の本文を長々と転載《てんさい》しましたが、「西遊記」作文当時の天道にあっては即身成仏《そくしんじょうぶつ》して後、不老不死《ふろうふし》の『理天《りてん》』極楽へ帰る法『得道《とくどう》』は乃《すなわ》ち悟りを開く法で、その道法『正法』の伝えは天機《てんき》（天の秘密）であったことが、ここに明らかに示されています。

ですから、祖師は『正法』の件は暗にぼかして、のらりくらりと『道』をそらしながら話したのです。しかし決して祖師の話は無駄《むだ》でダメな話ではありません。

この世に存在するあらゆるすべての教えや法はいかに優《すぐ》れていても、決して不老不死を得ることはかなわないということを教えるために、孫悟空と問答《もんどう》したのです。

天道は宇宙の真理であり、無極開天《むきょくかいてん》の根本ですが、今の宗教や人智《じんち》の教えは人倫道徳《じんりんどうとく》を説き、人間処世《しょせい》の在り方を教えていますから、そこにたとえ、特別にすぐれた法や術があったとしても、それは処世上の便宜《べんぎ》であって、天命《てんめい》が賦与《ふよ》されていません。

天道は天命によって伝えられているので、人為的《じんいてき》に策《さく》を弄《ろう》して適《かな》うものではありません。従い釈迦《しゃか》は、『正法』は「教外別伝《きょうげべつでん》」といい、大弟子《だいでし》の迦葉《かしょう》にそれを秘密義に伝えたので、以後天命の『正法』を受け継いだ聖者以外の仏弟子たちは、『正法』を伝えることができないでいます。

若《も》し『正法』が伝えることができるなら、毎日、経を唱《とな》えなさいとか、「般若心経《はんにゃしんきょう》」を唱えなさい、写経《しゃきょう》しなさいなど、極楽への『道』を語らずして行じさせる無作法はしません。

人々が悟りを開いてそして不老不死の極楽『理天』に帰ることが幸せを得る道ですから、当然、『正法』を人々に授けて、そして平安を得させ、尊敬を集めているはずです。

それがかなわないからこそ、悟りを開いていない法師や僧侶の方々は面目《めんぼく》を保つために便宜上、処世の方法や教えを貴重《きちょう》なものとして、人生上の臨機《りんき》（対処の仕方）つまり生き方を教えて尊敬を集めているにすぎない宗教すなわち教えとなってしまっています。

その『正法』の道法こそが霊の正門・玄関を開く唯一無二の『不二法門』であって、それは生死の苦海から永久の離脱《りだつ》がかなう仏界・天堂への入り口、すなわち不老不死がかなう『理天』極楽への『道』であるのです。

それに悟りを開くということは「自らの霊を救う」ことと理解すれば、霊自体にとっては最も貴重なもの、つまり性命を養うには欠かせないものなのです。

霊は「いのち」そのものですから、その霊が常に求めるのは生き続けるためのパワー、つまり、そのエネルギー源《げん》は、この世に存在するあらゆるものをもってしても姿形のない霊を養うことはできません。肉体はこの世のものですから食物など形あるもので養うことはできますが、霊は見えないものですから養うことはできません。霊を養うことができるのは唯一無量光、無量寿と称せられる**老中**様（南無阿弥陀仏）からの「無」の元気《もとのき》だけです。

人間の霊はもともとその「無」の極致である『理天』極楽に暮らす住民でしたから、『理天』極楽の元気でもってしか生きられないのです。

睡眠中、夢を見る以外無意識のうちに時が経っているのは、その時に「無」の境地につながっていて、そして元気をいただいているので、睡眠から目覚めた時には健康を取り戻しているというわけです。ですから人間は眠ることによって元気を養い、そして生活を続けることができるのです。

『理天』極楽浄土、つまり究竟《きゅうきょう》涅槃《ねはん》といわれるところは、無極と称せられてそれは「無」、つまり形象世界に居るわれわれの感覚や知覚では探ることができないことから「無」といわれ、古から修行上「無」になれと、教えられているところからみても、「無」というもののその偉大さを表現する手立ては、この世には存在しないのです。

その元気の源、無極は宇宙創造の原点にあるわけですから、その「点」という字を探ってみれば、「無」の極致《きょくち》がどこに存在するのか、知ることができます。

それは先の章「三陽交替して群生を産み（八四頁）」で説明していますが、点という字の旧字は「點」となっています。

（灬5）【点】㊫当（黑5）【點】テン 琰 diǎn

解字 形声。

この「點」という字をまず黒《くろ》という字と占《せん》という二文字に分けてみます。そしてさらに黒の字を里《さと》と灬《れっか》の二文字に分け、また占という文字も卜《ぼく》と口《くち》に分けます。従い、「點」という字は四つの字に分けることができます。

つまり、上から**里**・灬・卜・口の順となり、一番下の「口」は人間世界すなわち形象世界を表わし、易では「後天八卦」の世界と称して、この世での因縁因果の枠《わく》とみます。つまり、仏教で言われる法輪《ほうりん》で、大千世界を象徴しています。ちなみに仏教ではこの法輪からは決して脱《のが》れることはできないと教えられますが、その「口」の上に「卜」の字が乗っかっています。

(トO)【卜】 慣ボク ホク 圏bǔ ―― うらなう

解字 象形。 行事の吉凶に対する神意を予知するために、亀甲また獣骨に火を当てて、現れた割れ目の形。「うらなう」意を表す。

卜は「先天八卦」を表し、宇宙運行を掌《つかさど》る理数《りすう》の元で、その「卜」と「口」を合わせると「占」となります。「占」は天地の法則「理法《りほう》」を顕し「しめる」すなわち「束ねる」の意となりますから、後天と先天の易でもって天地自然を運行する道理が示唆されています。

（卜3）【占】 旨 セン 日 塩 zhān うらな-う 日 艶 zhàn し-める

解字 会意。卜と口とで、うらかた（卜兆）に神意の吉凶を判断していう、ひいて、うらない問う意、転じて「しめる」意を表す。

意味 日 ① うらな-う（-ふ）。うらない（うらなひ）。

字の順番から見れば「占」字の上に灬があります。

灬 れっか れんが

火 ひ ひへん

（火0）【火】 教 旨 カ（クワ） 唐 コ 普 huǒ ほ ひ

解字 象形。燃えあがるほのおの形で、もえる「ひ」の意を表す。

意味 ① ひ。ほ。(ア)物が燃えて光と熱とを発生する現象。ほのお。

灬は太陽系宇宙の熱源、それでもって大千世界を照らし温めて万物を養い育てます。
灬のその上に**里**の文字があります。
中《ラウム》の**里**は灬の上に存在している**里**ですから、当然『理天』極楽に帰るには灬の灼熱の太陽の熱波を飛び越えなくては帰ることはできません。

道書に、

「天堂には本来門はありません。只、門の前には火焔《かえん》がさかんに高く燃え上がっているだけです。すなわち、
もし空《くう》を悟れない者が
ここにくると、
身に随《したが》いついてきた
業債《ぎょうさい》が燃焼《ねんしょう》して、
只《ただ》、全身《ぜんしん》は火《ひ》を著《あらわ》し、
痛《いた》さで塵凡《じんぼん》へ堕散《おち》るか、
あるいは地獄へ下《くだ》ってしまいます」

といわれます。

ですから、世の人々が天堂つまり『理天』極楽に帰るには、『正法』つまり『得道』が必要なのです。なぜならまず人心を灬に耐える神霊に変えなくてはならないからです。心を神霊に変えることによって、心はどのような火焔にも、どのような障碍にも耐えて壊れない金剛石《こんごうせき》となり、灬の高熱にも耐えることができるように、**老中**（南無阿弥陀）自らが法を施してくださいます。

それは今日普伝《ふでん》となって、誰もが『得道』を授かることが容易となりましたが、その後自ら聖霊にと修練するものがほとんどいないので、**老中**御自らが法を施して、そして『得道』した霊を金剛石にし『理天』極楽に救い上げると約束して下さっているからです。随い「**孫悟空が祖師に求めた不老不死の道法**」、『得道』を授かれば**老中**様の慈悲によって道果《どうか》が円満となり、『理天』極楽の出入りは自由自在、拘束を受けることは決してありません。

人身の霊の正門・玄関（悟りを開く扉）こそが生死の苦界から永久の離脱がかなう、仏界・天堂への入り口、すなわち不老不死がかなう『理天』極楽への門なのです。

悟りを開くということは「**祖師**（明師）」から『正法（得道）』を授かり開眼することですが、天道は古から一貫して、その道脈は聖人賢人に下って絶えることなく、今日まで約五千年間、秘密義でもって伝えられてきています。

その間あくまでも一人から一人、師資相承《ししそうしょう》でもって他に漏らすことなく伝えられてきましたが、約百二十年ほど前から縁のある一般の人に伝えることが許されるようになりました。

ゆえに今は『正法（得道）』を授かるには絶好の好機といえます。

吾が心、
『空』なれば
空を飛ぶこと逍遥自在《しょうようじざい》

空言を弄《ろう》して

〜〜〜〜〜〜〜〜〜〜〜〜〜〜「西遊記・第一巻」第二回本文に、

悟空はもとの道を伝《つた》って、裏の扉へまわりました。見れば、扉《とびら》は半開きになっている。悟空はうれしくなって、「お師匠《ししょう》さまはやっぱり、おれに道を伝授《でんじゅ》してくださるおつもりなんだ」と考え、さっそく進み寄るなり、からだを斜めにして、なかにはいり、祖師の寝床《ねどこ》の下に近づきました。祖師はからだを曲げて、向こうむきに寝ておられます。〜〜〜省く〜〜〜

祖師はまもなく目を覚まし、両足を伸ばして、独り言をいわれました。

「むずかしい、むずかしい。道はきわめて玄妙《げんみょう》じゃ。金丹《きんたん》（不老不死の薬）をなおざりにしてはならぬぞ。至人《しじん》にめぐり合うて妙訣《みょうけつ》を伝授してもらわぬことには、空言《くうげん》を弄《ろう》して口が疲れ舌が乾《かわ》くのが落ちじゃ」

悟空は声に応じて呼びかけました。〜〜省く〜

「この猿め、あっちで寝もせずに、こっちへ来て、何をしようというのだ？」

「お師匠様は昨日壇《だん》の前で御承諾《ごしょうだく》くださいました。わたくしが三更《さんこう》のころ裏の扉から来れば、道法《どうほう》を伝授してくださる、と。それで厚かましくおそばへ推参《すいさん》いたしましたような次第でございます」

それを聞くと、祖師はすっかりうれしくなり、心の中でひそかに考えました。

「こやつ、やっぱり天地がつくったものだわい。でなければ、なんでわしの謎《なぞ》がとけよう？」

「ここにはほかの人はおりませぬ。私一人だけでございます。お願いでございますからお師匠さま、お慈悲をもちまして、わたくしに不老不死の道を伝授してくださいませ。御恩はいつまでも忘れはいたしませぬ」〜〜〜〜〜〜〜〜〜〜〜〜〜〜〜〜〜〜〜〜止

※金丹＝これは道教でいわれる不老不死の丸薬《がんやく》のことですが、天道では仙丹《せんたん》といいます。
『得道』を授かって、霊の正門・玄関の扉が開かない限り、内に真経《しんきょう》が転じないので、不老不死の薬は調合できません。
玄関が開かれればそれを機《き》に「一竅通時竅竅通《いっきょうつうじたとききょうきょうつうずる》」で、元気が体内を週流して身が浄《きよ》められ、そして上丹田《かみたんでん》において心霊を神化《しんか》させて不老不死へと導きます。

※至人＝人々の心眼を點破《てんぱ》する天命をいただいた、明師《めいし》すなわち點伝師《てんでんし》のこと。

※妙訣＝『得道』で授けていただく不老不死の妙道《みょうどう》、天道の三宝のことで『正法』と称す。

※空言＝信仰上最高の『道』を語らず、処世術の途をまことしやかに説いて、一時的に人心を安堵させているが、その実は迷わせています。従いそこには真実はなく、その人生は口が疲《つか》れ舌が乾《かわ》くが如く人生に疲れてしまいます。すなわち空にして得るところがない四生六道輪廻の「途」となってしまいます。

ちなみにこの「空言」について、神光《しんこう》（禅宗二代祖・道統《どうとう》では東土第二代祖）は弟子たちに向かって次のように言っています。（道書《どうしょ》・達磨寶巻《だるまほうかん》より）

『皆、落ち着いて私の言葉を聞くがよい。

今の私は一心に真伝を求める気持ちで一杯です。

今までの私は終日法（説法）を説くことができても実はいまだ『正法』を得ていないのです。自分の生死《しょうじ》が救えなくてどうして他人の苦厄を滅することができるでしょうか。

後日正果《せいか》を成就することができた暁には必ず皆様を度《すく》って涅槃《ねはん》を証《しょう》させましょう（涅槃に救い上げましょう）。

師と弟子の情愛は私とてかわりはありません。

だが今捨て難い情愛を捨てなければともに地獄へ落ちなければなりません』
〜〜〜〜〜〜〜〜〜〜〜〜〜〜〜〜〜〜〜〜止

すなわちこれは、自らのこれまでの教えは「空言」であったという告白《こくはく》でもあり、また真摯《しんし》に『道』を求める者の心を、真正面からとらえた話でもありますが、このような話の前には、次のような話がありました。

『当時、洛陽《らくよう》は仏教が非常に盛んな都で、ここに名僧・神光が在住して経典を講じ、説法をすること四十九年間、人天百万の聴講があるといわれ、それ程に神光の説法は抜群で大衆の心をつかんで離しませんでした。

しかし達磨大師に「あなたが説かれたのはなんですか」

と聞かれて、神光は

「私の説いたのは法であります」

大師「その法はいずこにありますか」

神光「法はこの経巻のなかにあります」

大師「黒いのは字であり、白いのは紙である。その法は一体どこに見ることができましょうか」

神光「紙の上に載っている文字に正しい法があります」

大師「文字の法に何の霊験がありますか」

神光「人間の生死生命《しょうじせいめい》を解脱させる法力が潜んでいます」

そこで大師は
「今、あなたが説いたとおり、法が紙の上に載っていて、それが人の生命の生死輪廻から救う効験があるとすれば、今私は紙の上においしそうな餅（菓子）の絵を描いてあなたの空腹を満たしたいが如何ですか？」

神光は驚いて
「紙の上に描いた餅がどうして空腹を満たすことができましょうか」

大師「然り、紙上に描いた餅は空腹を満たすことができないと言うのであれば貴方が説かれたところの紙上に載っている佛法が人の生死を救い輪廻を解脱させ、涅槃の境地に至らすことができるのですか。貴方の説かれていることは元来無益です。その巻物を私に渡しなさい。焼き捨ててしまいましょう」

神光は顔色を変えて、声を荒くして

大師「私は經を講じ、法を説いて無量の人々を済度《さいど》しています。どうしてそれを無益と言うのか。汝は佛法を軽賤《けいせん》しているのか、佛法を軽賤した罪は甚だ重いことを知らないのか」

神光「私は決して佛法を軽賤していません。あなたこそが佛法を軽賤しているのです。あなたは全く佛の心印・心法を極めていないで、ただ徒《いたず》らに経典や説法に執着し、その字句や題目に囚われ、偏った法の解釈をしているだけであって、結果的に見てあなたは本当の佛法が明らかに分かっていないのです」

神光は大師の理論を聞いて頗《すこぶ》る不愉快となり

「私に法が分からないと言うなら、どうぞ貴方が私に代わって台に登り、法をといでください」

神光は吐き捨てるように言いました。

大師「私には説く法はありません。ただ言えるのは『一』の字のみです。私は西域からわざわざこの『一』の字を持ってきました」

神光「その『一』の字とは何ですか」

大師「その『一』の字は須弥山を筆とし、四海の水で墨をすり、天下を紙としてもこの

『一』の字を書き写すことができず、またこの『一』の字の形をかくこともできません。

『一』に字を識《し》り、『一』の字をかくことができれば、その人は生と死とを超越することができます。本来、形象はないが春夏秋冬の四季を通じて常に光明を放つことができます。この玄中《げんちゅう》の妙、妙中の玄を知り得る人があれば、まさに龍華《りゅうげ》会《え》において上人（**老中**）と会うことができましょう」

神光は大師の言葉が理解できず、怒りが爆発しそうになりました。

大師は続いて偈《げ》を作りました。

「達磨、もとは天外天《てんがいてん》より来る。　佛法を講ぜずともまた仙となる。

万巻の経書、すべて要とせず。　ただ、生死一毫《しょうじいちごう》の端《たん》を提《と》る。

神光、もと好《すく》く經を講ず。　智恵聡明にして広く人に伝う。

今朝、達磨の渡いに逢わざれば、　三界を超《こ》えて生死を了《おえ》え難し。

達磨西より来りて一字もなし。　全く心意に憑《たよ》りて功夫《くふう》を用う。

もし、紙上によって佛法を尋《たず》ぬれば、　筆尖《ふでさき》ひたして同庭湖《どうていこ》を乾《かわ》かす」

訳せば、「達磨は本々、天の外の天、上天よりやってきました。佛法を学ばなくても仙（神佛）になれます。この世に存在するあらゆる経書は、全く必要としません。ただ人間生死の輪廻を繰り返す、その原因のもとを取り去れば、因縁が解脱できます。神光はよく經を学んで説法をしている。智恵は聡明で広く人々に佛の教えを伝えているが、今、達磨が伝える道法、極楽道の救いに合わなければ、三界輪廻を解脱して生死を繰り返す因果を終えることは難しい。達磨は西すなわち西国から来たが『一』以外のものは何一つ持ち合わせてはいない。全くその心に真意を問うだけで功徳以外の何物でもない。もし紙の上に書かれた佛法を求める限りは、それは筆先に同庭湖《どうていこ》の水をたっぷり浸して、筆が乾くほどに佛法を書いたとしても、何の効果もない」

すなわち『道』を得ていない法師が、いくら説法しても、それは「空言」で、いくら善意であっても人を誤った「途（地獄途）」に導くことになってしまうと、説いています。

それほど、悟りを開くという『一』の『道』は古来並大抵の苦心では授かることができませんでした。現在は上天の大慈大悲《だいじだいひ》によって、求める意思があれば誰でも授かることが許されています。しかしこの安易さがかえって『道』を学ぶという務めを疎《おろそ》かにして、そしてまことの信仰という尊厳が悟れないでいます。

確かにこの世には存在しない『理天』極楽浄土と結びついた聖人賢人の『道』ですから、意識や思いだけでは理解し難いということはわかります。

しかし率直に『道』を求め、そして身を清浄にすれば、その心の輝きは変わってきます。

天道は太上《だじょう》（老子《ろうし》）の道を教え、孔門《こうもん》（孔子《こうし》）の教えを佈《ふ》し（あまねく知らせること）、如来《にょらい》（釈迦《しゃか》）の法『正法』を伝えて、世を救うため奔走しています。

ですから人々に真摯《しんし》に天の理法《りほう》を明らかにしてご理解を得たいとの思いから真理真伝《しんりしんでん》の『道』を明らかにしています。真理は自性《じせい》（自らの霊、心霊）に他なりませんから、自性を悟り、真理を貫き徹せば、その内なる深奥《しんおう》の心霊（本性）は『一』で、また大道も『一』で『一』は大道との共有物である限り、大道との結びつきが必要不可欠であることが知れます。

ですから『一』を得ることは、人間本来の神の霊にすることになるのです。

土の里《さと》に埋もれて
輪廻を繰り返すか、
『一』を得て
王の里《さと》、『理天』
極楽に暮らすか

これを言えば、理の字より『一』を取れば、土を里にして「埋もれる」、再び『一』を得れば本《もと》の「理」の字の天に戻ることができるという一言に尽きます。まことの話を聞いて修身養性《しゅうしんようせい》しないのであれば、それはただ、いよいよ深みへ墜《お》ち、しまいには四生六道輪廻に至って、永遠に原点《ふるさと》に復《かえ》ることができなくなります。

世に修道の「途」は千万の法があるといわれますが『理天』極楽へ至るのを思わなければ、その誤った意思を通すのもやぶさかではありません。

が、もし心底から真理真伝を求めるなら、まず大道の原由《げんゆ》を瞭解《りょうかい》し、やみくもに修練することは止めるべきです。いくら「空言」の教えに従って全身に大汗をかいても、かえって迷いの途に墜ちることは真理からいって明白です。

真の信仰は天地自然の理をもって対象とします。

その代表とされるものは太陽であり母なる大地ですから、この世における神としての存在が象徴されていますが、決して私たちに対して代償は求めません。

求めるどころか、かえって偉大なる慈悲をもって性命を養い続けてくださって限りがありません。半面、私たちはその代償をわずかでも支払うことなく傍若無人に平然と暮らしています。

そのように考えますと、信仰とはその性命を育んでくださる天に対して、学ぶべきことを学び、修めるべきことを修めて修道し、そして真理を体得することが天地の恩に報いることになるのではないでしょうか。

天道は天地を対象とする限り決してその代償は求めません。

ただ修道で最も重要視されるのは縁があるか無いかです。

無縁の人は『道』を知りません。『道』を知らないでは人生すべてが茫々《ぼうぼう》としてしまい、一体どこへどのように安息の境地を求めていけばいいのか、迷い続けることになってしまいます。『道』は時運の流れに随って変遷《へんせん》していきます。

至宝《しほう》の天機《てんき》（天の秘密）である天道の三宝すなわち『得道（正法）』が、天の大悲大慈によって下ろされていることを知らなかった、あるいは聞いた、また誘いを受けたが意にも掛けなかった者は、たとえ縁があっても『道』を得ることはできません。

『道』に背き、徳を失った者は道を真っすぐに歩まず、死路をひとすじに行き、原点《ふるさと》に帰る道から遠ざかって分はありません。

その者は相《かたち》に囚《とら》われてこの世に執着していますが、真道《しんどう》は言語では言い表せず、言葉や経典の上には存在しないことを知りません。

世に数え切れないほどの善書経典はあります。しかし解する者は解しますが、迷う者は迷います。そのように『道』の本《もと》は言うことも表現することもできません。

心を開いて体会《たいかい》していただく以外にないのです。

道法の伝授『正法（得道）』

～～～「西遊記・第一巻」第二回本文に、

「そなたは道に縁があるゆえ、わしもよろこんで話そう。謎がわかったからには、もそっと前に寄って、心して聞くがよい。不老不死の妙道を伝授してとらせるからな」

悟空は額《ひたい》を地べたにすりつけて感謝し、耳を澄《す》まし、心を潜《しず》めて、寝床の下にひざまずきました。すると祖師は

「顕密《けんみつ》（顕教《けんきょう》と密教《みっきょう》）に円通《えんつう》する（円満に通暁《つうぎょう》する）は真《しん》の妙訣《みょうけつ》にして、性命《せいめい》を惜　修《こうしゅう》するには、他説《たせつ》なし。すべてはこれ精気神《せいきしん》の三つなり。慎《つつし》んで固《かた》く牢蔵《ろうぞう》して漏泄《ろうせつ》することなかれ。漏泄《ろうせつ》することなかれ、体中に蔵《ぞう》せよ。汝《なんじ》は吾《わ》が道を伝うるを受けておのずから昌《さか》えん。口訣《くけつ》を記《おぼ》え来《き》たらば、多く益有《えきあ》らん。邪欲《じゃよく》を屏除《へいじょ》すれば、清涼《せいりょう》を得《え》ん。清涼《せいりょう》を得れば、光《ひかり》、皎《しろ》く潔《きよ》く、丹台《たんだい》（仙人の居所）において明月《めいげつ》を賞《め》でるに好《よ》からん。月は玉兎《ぎょくと》を蔵《ぞう》し日《ひ》は烏《からす》を蔵《ぞう》し、おのずから亀蛇《きじゃ》ありて相盤結《あいばんけつ》すれば、性命堅《せいめいかた》く、却《かえ》って能《よ》く火《ひ》の裏

に金《きん》の蓮《はす》を種《う》えん。五行《ごぎょう》を攢簇《さんぞく》し（水・火・木・金・土の五行をあつめ）顛倒《てんとう》して用《もち》いなば、功完《こうおわ》るや、随《したが》って仏《ふつ》と仙《せん》に作《な》らん」このとき、根源《こんげん》を説破《せっぱ》し、こうして悟空は心の中に神仙の気がきざしてきました。そこで口訣を心にきざみ、ひれ伏して祖師に感謝し、そのまま裏の扉を出ました。

いよいよ祖師が悟空に道法『得道』を伝授する時が来ました。

道法は秘密義、つまり秘密でもって伝える法ですから、祖師と悟空の二人だけで、そこには他に誰も入ることは許されません。

そしてそこで「**不老不死の妙道を伝授する**」に当たって、祖師は、道法の秘密義を明らかにする法話に入ります。

『道法つまり『得道』は、そもそも「教外別伝《きょうげべつでん》」の『正法』であるが、それは人間究《きゅう》極《きょく》の姿、神霊《しんれい》に立ち戻るための法である。

つまりこの世に下ってきた人間は元々神として『理天《りてん》』極楽に住まい、楽しく暮らしていたが、親神**老𡚸**（南無阿弥陀佛）の命により、六万年前人間界に降ろされて、そして地上に住むようになった。

だが今では、そのふるさとに帰る『道』を六万年という永い歳月の流れ中に忘れ去ってしまい、四生六道輪廻を繰り返す羽目となってしまっている。

ところが時運はいよいよ天の終局《しゅうきょく》を迎える時が迫り、モウ再びと『理天』極楽のふるさとに帰る『道』の扉《とびら》を開くことができなくなってしまうことから古聖先賢《こせいせんけん》が行者のおり、難行苦行して追い求めた『得道』すなわち心眼《しんがん》を開く不二《ふじ》の法門《ほうもん》を、**老中**様は一般衆生にも授け伝えることをお許しになった。

この天道の伝えは宗教以前悠久《ゆうきゅう》の昔から伝えられていたが、古《いにしえ》では神霊となるに相応しい行を修めた者でなければ授かることはできなかった。

その『正法』は道教から儒教へ、そして仏教へとひそかに伝えられてきているが、それは限られた聖人のみに伝えられてきている秘法であるから、今の仏教はそれを顕《あきら》かにすることができないまま**顕教**と**密教**の二つに分かれ、そして表向き仏教の教義を伝えている。

つまり**顕教**とは、言語（説法）や文字（経）でもって、お釈迦様の教えを明らかに説き示された教えで、世にあまねく広がっているが、**密教**は別の観点から真理を追究して対比《たいひ》しているので、顕教は密教以外のすべての仏教を言い表していると考えればよい。

その**密教**は字の如く容易に知り得ない秘密の教え、つまり胎蔵曼荼羅《たいぞうまんだら》・金剛曼荼羅《こんごうまんだら》や諸《しょ》尊《そん》の画像《がぞう》（洞窟《どうくつ》などに描かれた宇宙、仏界、仏像絵画）などに代表される宇宙真理を主とした教えで、仏教流派の一つであるが、中国や日本のほかネパールやチベットに広まっていて、わが国では真言宗《しんごんしゅう》系《けい》の東密《とうみつ》と天台宗《てんだいしゅう》の台密《だいみつ》があり、秘密教《ひみつきょう》とも、秘密仏教《ひみつぶっきょう》ともいわれ、その遺品は世界に分布して多く発掘されている。

しかし道法は、真理の教えがさまざまに様相を変えて伝わろうとも真理の『道』は世にただ一つである限り、**顕教**であろうと**密教**であろうと、その教えの中に道教、儒教、仏教の三教にまたがって天人共《とも》に合一《ごういつ》した道法があって当然である。

すなわち『道』の真理真伝《しんりしんでん》は「**円通して**」、つまり、すべての教えに含まれて、そしてあまねくいきわたっているが、ただそれが顕《あきら》かにできないのは、仏陀《ぶっだ》の真の教えが「教外別伝」であるからにほかならない。

「教外別伝」とは、経を唱えたり、写経したり、仏像を拝んだり、像画を鑑賞したり、座禅や瞑想、あるいは荒行をしたり、また仏の教えを説いたりすることなどの教義以外に、ひそかに伝えられてきたもの、すなわち世に顕かにしていない真理真伝の『道』が別口において秘密で伝えられてあるという意味である。

しかし真理真伝の意に反して俗世間では先祖供養や心の苦痛や疲れを癒すために、仏教の教えを学んだり、また精神を安らかにするために読経や写経をしたり、あるいはお寺を回って仏像鑑賞などをして精神の回復や安心を求めている。これは悪いわけではないが、これらはあくまでも気持ちの問題である。

なぜなら経も、仏像も、曼荼羅も、絵画も、そのすべては人間が制作したものである限り、その中に『道』を求めても、「吾が心の扉」は、それらのその中には存在しないからである。それが仏教においては「教外別伝」であるが故に、同門同派の宗教においても真理真伝が伝わっていないことから、そこのところの示しがないのである。

人間が真に求めている究極のものは、永遠なる安楽であるから、「**顕密《けんみつ》（顕教《けんきょう》と密教《みっきょう》）に円通《えんつう》する（円満に通暁《つうぎょう》する）は真《しん》の妙訣《みょうけつ》にして**」つまり、まことの悟りの妙法『正法』は真理を会得する不二法門の妙法であるからにして、他の教えのどこを探してもないものであるから、「**性命を惜修するには、他説なし**」といっていい。

世にある教えは洗脳法であるから、気持ちがそれに殉じて満足を覚えなくてはならないので、相当な覚悟と根気がなくては務まらない。

ゆえに殉教者や日々信仰に努める者の日課は時間割といっては何だが、日々定められた規則があり、その中で神仏の教えを学んだり行じたり、瞑想したりして、心を修めていくために勤行《ごんぎょう》を続けている。そうして何時《いつ》の日か神佛との縁が結ばれることを叶《かな》うようにと願うのであるが、それはあくまでも気持ちの問題であって、いつ神佛と縁が結ばれるかは判らない。叶うか叶わないかは神佛任せにある。

「**性命**」とは、心を持った命《いのち》ある者、つまり万物の霊長《れいちょう》である人間のことをいうが、他の生き物は、ただ単に生きるという生き方の中に命があるから生命と称される。

また「**惜修**《こうしゅう》」とは、本々人間は神の性《せい》を持っていたが、それをこの道法によって悟ることができれば、その神という崇高《すうこう》な「性命」を惜《お》しんで『道』を修めれば、これまでの業《ごう》（カルマ）を消滅して神霊と化すことがかなうのである。

であるから真理真伝を悟るには「**他説なし**」で、「教外別伝」の『正法』以外にはないのである。悟るということは、そもそも真理が理解できるか否かである。

一般の教えは今なお真理を追い求めているものであるから、それが正しいと思い込んでいる限り、真理は会得できない。素直になって真理真伝を追究しようと思えば、それはその心身を酷使するものでもないし、戒めるものでもない。ただ吾が心を悟ればいいのである。これまで『正法』が明らかになっていないことから、やみくもの法の行が慣習になってしまっているが、真理はその理屈が当然でなければならない。

その真理を示すものとして「古」という文字がある。

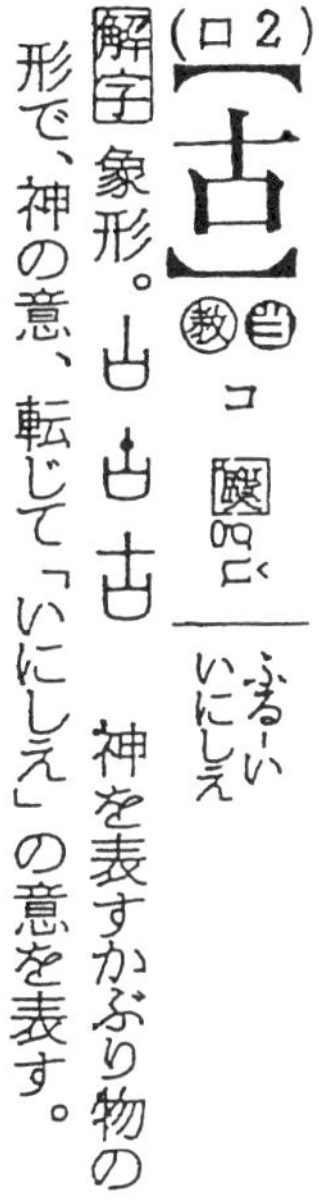
(口2)【古】 教 自 コ ふる-い いにしえ
解字 象形。神を表すかぶり物の形で、神の意、転じて「いにしえ」の意を表す。

「古」は、神の意と解釈されている。

つまり、字そのものに、その神の意があるとすれば、「口の上に十字」とは、そこが神経、精神と称される神の存在が託されてあるからこそ、「古」の字は神の意とされるのである。身体の各部分の名称にあって、「神」という字がつけられているところは他にはないからである。

人間がこの世に誕生するとき、神様から口の上の十字、つまり霊の正門・玄関といわれる所から霊根をその身に入れてもらえなければ、この世で存在することはかなわない。

霊根が勝手に身に備わるわけではない！　もし入れてもらえなければ死産となってしまう。

そして霊根はその霊の正門・玄関の奥に鎮座《ちんざ》して人生を送るのであるが、霊の正門・玄関は誕生と同時に「神の鎖《かみのくさり》」でもって固く閉ざされてしまう。

それはすなわち神佛とのつながりを絶たれたということになる。

故に、いくら神佛との縁を求めて難行苦行をしても、神の鎖で閉ざされた扉が開かれない限りそれはかなわない。その悟りの扉である霊の正門・玄関を、今私が道法『正法』でもって鎖を断ち切れば、汝はこれより神佛との心の会話ができるようになる。

それは妙智慧《みようちえ》といって、神佛の教え、つまり妙智を受けることができるということである。

ただし扉が開かれたからといってたちまち心の会話ができるわけではない。

人間はこの世に誕生して何百回、何千回と四生六道輪廻を繰り返してきているわけであるから、汝の霊根はすっかり汚れてしまっている。

扉が開かれない限り、いくら勤行につとめても、難行苦行してもなおのこと、経を唱えても心を清浄にすることはかなわなかったが、汝はそれがかなう身となる。

つまり、自らの心霊を本来の神霊にするには、霊の正門・玄関を明師（點伝師）からの一指開破《いっしかいは》（一竅《いっきょう》という）の道法『正法』でもって、天の鎖を断ち切って、そして扉を開いてもらわなくてはならない。従いこの後、『正法（得道）』を授かれば、自らの霊を浄化し、清浄にしなければならない。

この道法は天地間のどこを探しても探し当てることができない。「**性命《せいめい》を惜修《こうしゅう》するには、他説《たせつ》なし**」というものだ。

そのようなわけであるから、神霊になる法は道法をおいて「**他説《たせつ》なし**」である。すなわち真理真伝を解き明かすことができる三教合一《さんきょうごういつ》の天道以外に『道』はないということになる。

では人間の性《たましい》から神の性にするには、如何《いか》にするかというと、すなわち人間の性は元々、純粋で元気ハツラツとした神の質を有していたが、輪廻を繰り返すたび次第に因業《いんごう》（カルマ）を積み続けて、その心は穢《けが》れてしまっている。その穢《けが》れた心を再びと神の質に戻すには、元の気、神の元気《げんき》、純陽《じゅんよう》の気がいる。元気は明師《めいし》の一竅《いっきょう》でもって開いた霊の正門・玄関からしか、体内に取り入れることができない。

普段、口から吸っている大気は、生命を養う空気で、非常に汚れているので濁気《だっき》といわれる。であるから当然、その濁気でもって心を浄化《じょうか》することはかなわない。故に神の元気、純陽の気が必要となる。

霊の正門・玄関から『守玄』によって取り入れた元気と濁気を、人体の胸の所にある中丹田《ちゅうたんでん》という所でミックスして、そして人体のへそと陰部《いんぶ》の間にある下丹田《しもたんでん》と称するところまで下ろして、神の元気が持つ温容《おんよう》な気（微妙で感じ難いが、続けて行うと体がぽかぽかしてくる）でもって濁気に含まれている穢《けが》れを消去《しょうきょ》すれば、純粋の陽気にすることができる。

しかしまだ悟りが開けてない仏道者の瞑想《めいそう》は、大気だけでもって中丹田《ちゅうたんでん》から下丹田へ気をおろして、その弱熱《じゃくねつ》でもって僅《わず》かな純粋の陽気を作ることはできるが、それを身体全体に週流《しゅうりゅう》させることはできない。なぜなら心頭《しんとう》にある上丹田《かみたんでん》に、下丹田で清々《せいせい》した純陽の気を昇らせるには、下丹田の後ろ、肛門《こうもん》近くにある尾閭関《びりょかん》という関所《せきしょ》を通り抜けなくてはならないからである。

その関所を開く鍵が、道法つまり明師の一竅である。

すなわち尾閭関が明師の一竅『得道』でもって開かれると、下丹田において、穢《けが》れがすべて取り除かれた純陽の気は「一竅通時竅竅通《いっきょうつうじたときょうきょうつうず》」で、尾閭関から背筋を通って昇り、背中にある夾脊関《きょうせきかん》も既に開かれてあるので難なく通り抜けて上昇し、後頭部《こうとうぶ》にある玉枕《ぎょくちん》関《かん》もさらに通り抜けて、上丹田の泥丸宮《でいがんぐう》に、到達することになる。

一竅通時竅竅通《いっきょうつうずればきょうきょうつうずる》

泥丸宮《でいがんぐう》は俗にいわれるところの心頭《しんとう》の位置だが、そこに上丹田があり、心霊が納まっている。心霊はこれまでの輪廻で積み重ねて来た因業（カルマ）で汚《よご》れ切っているので、純陽の気でもってその汚れを清々浄化《せいせいじょうか》させながら、本来持っている神の性、神霊へと引き戻していくことになる。以上、これを「精気神」を練るという。

これは、不老不死《ふろうふし》の法または因縁解脱《いんねんげだつ》の法といわれるものであるが、以上の作法《さほう》を天道では守玄《しゅげん》といい、仏教に言われる瞑想と趣《おもむ》きを異《こと》にしている。

この「**精気神**」は人体における三宝であるが、本来仏教の三宝である「仏法僧《ぶっぽうそう》」の秘密《ひみつ》義《ぎ》の指示《しじ》でもある。

すなわち修行僧《しゅぎょうそう》が修行が成って、そして神佛より悟りを開く法を頂いて、そして仏となるという指示である。

従い『得道』を頂いた者は以後「**慎《つつし》んで固《かた》く牢蔵《ろうぞう》して**」と言われる。つまり霊の正門・玄関を徒《いたずら》に触《さわ》らず触《ふ》れず、心でもって固く守らなければならない。

また「**漏泄《ろうせつ》することなかれ。漏泄《ろうせつ》することなかれ**」と二度繰り返されるのは、『正法』は天機つまり天の秘密儀であるから、明師から授けていただいた『正法』の『三宝』を決して安易に他の人に漏らしてはいけないと厳しく戒められている。

そして「**体中に蔵《ぞう》せよ**」とは、自ら求めて授けていただいた『三宝』であるから、それをシッカリ守って「蔵《ぞう》」、つまり隠して決して表に現してはいけない。漏らせば三宝の効力がなくなってしまい、元の木阿弥《もくあみ》（うまく進んでいた物事が、以前の状態に戻る）となってしまう。

シッカリと玄関を守って他に漏らすことがなければ、「**汝《なんじ》は吾《わ》が道を伝うるを受けておのずから昌《さか》えん**」、つまり『得道』を授かった後は、天界の神佛に護られ、そして安心立命をもって無事平穏に過ごすことができる』

と、祖師は悟空に厳しく諭されて、戒められました。

続いて本文に「**口訣《くけつ》を記《おぼ》え来《き》たらば、多く益有《えきあ》らん**」とあります。

つまり「口訣《くけつ》」は「三宝」の一つで、これはこの世に存在するありとあらゆる経《きょう》の中で、唯一真実とされる経で、生死に関わる災難が襲《おそ》ってきたとき、「口訣《くけつ》」を口にすれば、その身は、事故などあらゆる災難から、神の守護をいただいて無事に守られると約束される法である。

これは**老中**様自ら約束された『遇難《ぐうなん》、救難《きゅうなん》、遇災除焉《ぐうさいじょえん》（もしその身でもって防ぐことができないような難に遭えば、神はこれを救い除きます）』の経ですから、これはまことに霊験《れいけん》はあらたかで、天災《てんさい》や天変地異《てんぺんちい》など、身に危険が迫ったとき、「口訣《くけつ》」をとなえれば一瞬にして救いがかないます。

それに身に感じない危険に際しても、また時の流行病などにも道法『正法』の『得道』を授かっている限り、**老中**様は未然《みぜん》に防いで守ってくださりますから安心です。

故に「**多く益有《えきあ》らん**」といわれます。

また本文に「**邪欲《じゃよく》を屏除《へいじょ》すれば、清涼《せいりょう》を得《え》ん。清涼《せいりょう》を得れば、光《ひかり》、皎《しろ》く潔《きよ》く、丹台《たんだい》（仙人の居所）において明月《めいげつ》を賞《め》でるに好《よ》からん**」とあります。

もし『得道』以後も邪念《じゃねん》や淫念《いんねん》を持っていたり、物欲《ぶつよく》や財欲《ざいよく》に囚《とら》われているなら、それをかなぐり捨てて心身を清浄《せいじょう》にすれば、すがすがしい霊気《れいき》が身に漂《ただよ》い「**清涼《せいりょう》を得《え》ます**」。

そして「**清涼《せいりょう》を得《え》れば**」自らの心霊は神佛の光明《こうみょう》を得て「**光《ひかり》**」ます。

そしてさらに「**光**」は**老中**の子としての霊光《れいこう》をまばゆいばかりに「**皎《しろ》く潔《きよ》く**」し、**老中**様から生まれた時の「童顔《どうがん》（嬰児《えいじ》）」の如く輝いて見えます。

その霊光は「**丹台《たんだい》（仙人の居所）において明月《めいげつ》を賞《め》でるに好《よ》からん**」、つまり『得道』を授かった時から、その霊は因縁解脱が約束されて生きながらの即身成仏となり、再びとこの世の因果に縛《しば》られることがなく、そしてその霊は自由自在（観自在菩薩）にして『理天』極楽の神佛の位を示す蓮《はす》の華《はな》をあしらった「**丹台《たんだい》（仙人の居所）**」、つまり「**台**」は霊の正門・玄関のことで、「**丹**」は⊙で、中心の一點を意味しますから、その一點の「**台においてに明月《めいげつ》を賞《め》でるに好《よ》からん**」となります。

玄関という名称は道教、仏教では正法眼蔵《しょうほうげんぞう》とか正法眼《しょうほうがん》または清浄法眼《せいじょうほうがん》ともいいますが、そこは極楽浄土への玄関口ですから、そこに立てば、つまり「**丹台《たんだい》**」に立てば明月の明かりを気が済むまで見ることができると、本文ではそういわれます。

これはまさに不老長寿《ふろうちょうじゅ》、不老不死《ふろうふし》、超生了死《ちょうせいりょうし》といった高徳を意味しています。

つまり高徳を得るということは、この世において「四大苦《しだいく》」の生老病死《せいろうびょうし》が存知している限りは不可能なことですが、明師《めいし》の一竅《いっきょう》でもって悟りを開いて、四生六道輪廻《ししょうろくどうりんね》の因果から解脱して、そして死後玄関から極楽浄土に旅立てば、極楽という字は「楽を極める」と書くが如く、永遠に楽を極める不老不死の世界ですから、死を超越《ちょうえつ》して永遠に生き永《なが》らえることができる楽園に暮らすことがかなう徳をいいます。

これはまさしく「**明月《めいげつ》を賞《め》でる**」で、洵《まこと》に素晴らしいことです。

以上の事柄は祖師からの三宝の話であるからこそ、ここまで詳細《しょうさい》にして、天の秘密である「教外別伝」の内容が語れる、ということになります。

命《いのち》の超生了死《ちょうせいりょうし》が人間究極《にんげんきゅうきょく》の目的である限り、この世はあくまでも有限《ゆうげん》の世界ですから、命には限りがあります。そこのところを速《すみ》やかに悟って天道の三宝『得道』を得て、不老不死の『理天』天国へ帰る準備を調えることが何よりも大事です。

続いて「**月《つき》は玉兎《ぎょくと》を蔵《ぞう》し日《ひ》は烏《からす》を蔵《ぞう》し**」とあります。

普通、この言葉は「月にはウサギが住み、日には黒点すなわちカラスが居る」と解釈されますが、ここでは易つまり月は陰月《いんげつ》といわれ、易では☷（六断＝地・女）の陰記号を使用し、日は☰（三連＝天・男）の陽記号を使用しますが、本文では「**月は玉兎**」と言い表されているのは、陰☷の中に「玉兎《ぎょくと》」つまり、⚊陽《いちよう》の記号が含まれてある水の卦、☵を意味しています。

一方「**日《ひ》は烏**」といわれるのは日、三連の☰の中に⚋陰《いちいん》の記号が含まれている火の卦、☲を意味しています。

これはどういうことかと申せば、人間の「霊」という字は、なぜ「雨」という字が主となっているのかということを考えれば理解できるかと思います。

つまり、霊（性命）は宇宙根源の熱と光の世界『理天』極楽からこの世、人間世界に下ってきたのですが、その霊が地上の陰界《いんかい》、六断の☷（地）に住み着いて暮らすためには、陰《いん》（月）の身体を借りなくてはなりません。

以上の行程を天地自然に照らして観れば、天から地上に下るには「雨」、すなわち水の卦、☵となって地上に降るという深い意味合いが「霊」という字には含まれていることが判ります。

以上の事柄を図にすれば、

性命双修智慧還源之法《せいめいそうしゅうちえかんげんのほう》の図《ず》

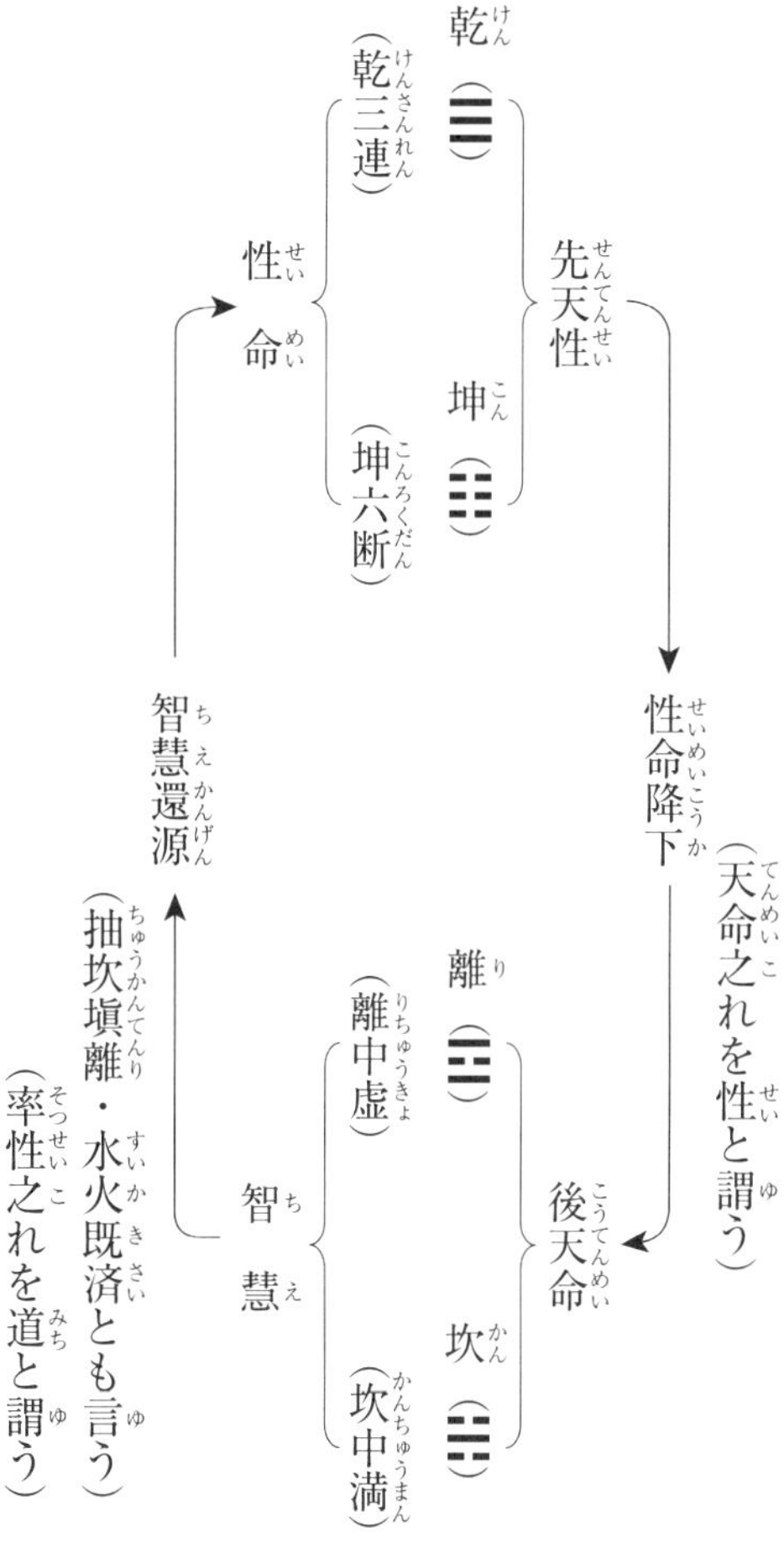

霊自身は本々熱と光の世界『理天』極楽からやってきたものですから、霊には「霊光」があり、また、心には「心光」があり、眼には「眼光」があり、人体すべてに光があります。とりわけ光の強いのは心頭です。

その生命の光を健全に保つためには「雨」すなわち体内の水☵の気を温めて蒸発させ、**火☲**の気にすればいいのです。それには明師の一竅でもって悟りを開く扉、玄関を開けていただいて、玄関からの天の元気すなわち純陽でもって陰体《いんたい》を陽体《ようたい》にすることが必要となります。

ですから天道では還元の修行法として、守玄を勧めているのは、そうすれば水☵の気は温かくなって上昇し、火☲の気が下降して体内を周流させることができるからです。守玄《しゅげん》を繰り返していると体中がポカポカしてくるのは、「法輪《ほうりん》が転《てん》じる」といわれ、火☲が増しているという証しでもあります。

そのようにして心霊（性命）を温容にすれば、もし病気があれば癒され、人生に難あり苦しければ楽となり、考え方も正しくなって、物事にも恵まれるようになります。

以上のことを本文では「**おのずから亀蛇《きじゃ》ありて相盤結《あいばんけつ》すれば、性命堅《せいめいかた》く**」と、祖師はいいます。

「**亀蛇**」の「**亀**」とは後天八卦《こうてんはっけ》の本《もと》「神亀《しんき》」（六三頁参照）のこと、「**蛇**」は先天八卦《せんてんはっけ》の本「龍目《りゅうめ》」（六〇頁参照）を指していますから、これは『河図《かと》』「洛書《らくしょ》」を意味します。

つまり、後天の盤と先天の盤が「**相盤結すれば、性命堅く**」なるということです。

判りやすくいえば霊のふるさと、『理天』極楽が先天、この世、人間世界が後天ですから、その天地の二つが、霊の正門・玄関において結び合えば、性命すなわち霊は堅固になるという誘因がいわれます。

そうなれば「**性命堅く**」で、人間の霊は天とつながって、そして健全にして温かく、人生も身体も守ることができるようになります。

そのように明師の一竅でもって悟りを開けば、「**却《かえ》って能《よ》く火《ひ》の裏《うら》に金《きん》の蓮《はす》を種《う》えん**」で、つまり「**火の裏**」とは、この世の熱源のその源《みなもと》『理天』極楽のことを暗示した言葉で、そこに「**金の蓮を種えん**」つまり神佛としての称号を掲げる、という意味となります。「**金**」は西方、極楽浄土の方位を表し、「**蓮**」は蓮台《れんだい》、神佛が座すところ、品位《ぼんい》を意味します。

そのように悟りの『道』を得て「**金の蓮を種えん**」と心がけるには、「**五行《ごぎょう》を攢簇《さんぞく》し（水・火・木・金・土の五行をあつめ）顛倒《てんとう》して用《もち》いなば、功完《こうおわ》るや、随《したが》って仏《ふつ》と仙《せん》に作《な》らん**」と説いています。

これは人の身体と健康そしてその人生上の運は陰陽《いんよう》五行《ごぎょう》の気でもって左右されていますから、その組み合わせ次第でもって、よければ健康で健やかに暮らせ、組み合わせが悪ければ、病《やまい》や人生上に支障が生じます。

ですからこの場合、水と火は相性《あいしょう》が悪い、また木と金も相性が悪い、その悪い気の流れ「**水・火・木・金・土の五行**」を「**顛倒して用いなば**」すなわち五行の土を中間に入れて、そして「**木↓火↓土↓金↓水の五行**」の流れにすると「木は火を生じ、火は土を生じ、土は金を生じ、金は水を生ずる」といった相性正しい流れが出来ます。

土は中央、中心を意味して、身体の中心、霊の正門・玄関に当たりますから、明師の一竅でもって悟りの門・玄関を開けば順序正しい気の流れが作り出されます。

ですから「**功完るや、随って仏と仙に作らん**」と祖師はそう言われて、そして「**このとき、根源《こんげん》を説破《せっぱ》し**」すなわち祖師からの一竅でもって悟空の玄関、すなわち性命の根源は點破《てんぱ》されて、そして悟りが開かれました。

「**こうして悟空は心の中に神仙の気がきざしてきました。そこで口訣《くけつ》を心にきざみ、ひれ伏して祖師に感謝し、そのまま裏の扉を出ました**」となります。

三つの災いとは

〜〜〜〜〜〜〜〜〜〜〜「西遊記・第一巻」第二回本文に、

早くも三年たちました。〜略〜〜

「そなたはこのごろどのような修行をしておるのだ」

「わたくし、近ごろは法性《ほっしょう》もだいぶわかり、根源《こんげん》もしだいに堅固《けんご》になりました」

「法性も分かり、根源も会得《えとく》したというのであれば、すでに心とからだに注《しる》したというものだ。

だが、三つの災いを防ぐことがまだ残っておるぞ」

それを聞いて、悟空はしばらく考え込んでいましたが、

「お師匠さまのそのおことばは間違っております。わたくしはいつも聞いておりますが、道高く徳盛《とくさか》んなれば、天と寿《よわい》を同じくする。水火既済《すいかきせい》にして、百病《ひゃくびょう》生ぜずとか。どうして三つの災いなどがありましょう？」


これは将来に起きるといわれる大災難の予告を暗に匂わせて、面白く語っている箇所で

すが、まずは「**法性**」とは、道法を授かる前の霊は人心といって肉体の欲求に厳しく囚われていますが、道法を授かって神経・精神と称される本来の神佛に立ち戻った霊を「法性」と、ここではそう呼んでいます。

そのように悟空は自らの心霊に目覚めて、守玄を繰り返すごとに「**根源もしだいに堅固になり**」つまり霊の正門・玄関がシッカリと守られて、精神も不動のものになってきたことを伝えています。

すなわち「**根源**」とは、人間がこの世に誕生の時、体内に心なる霊が入らぬ限り、性命の誕生はかないません。その霊の正門・玄関から神の慈悲によって心なる霊が入れられますと同時に性命の誕生が果たされます。

従いその場所こそが、神佛との縁が結べる唯一の出入り口、つまり玄関に当たるわけですから、性命の誕生、霊の「**根源**」といわれます。

その「**根源**」に気を集中して、そして日々守玄を続けて、精神を「**堅固**」に育て上げてきたということを、悟空は祖師にその効果がなったことを告げています。

しかしそのようにシッカリ修養を重ねたとしても、祖師は「**三つの災いを防ぐことがまだ残っておるぞ**」と言ったので、悟空は非常に驚きます。

すなわち、「**三つの災い**」とは水火風の劫難《きょうなん》のことで、ただの水難、火難、風難であれば何の造作《ぞうさ》もないことですから、悟空は、

「**道高く徳盛んなれば、天と寿を同じくする。水火既済にして、百病生ぜずとか。どうして三つの災いなどがありましょう？**」

と、祖師に言い返しています。

つまり、「**道高く徳盛んなれば**」とは、常《つね》の途《みち》なれば土の下、輪廻転生《りんねてんしょう》を余儀《よぎ》なくしますが、首《くび》の『**道**』なれば不老不死の天に上《のぼ》る道ですから、当然徳は高く盛んであるといえます。

悟空はその『道』を得たのですから当然、寿命は天と同じくする、つまり道法を得るまでは生死の途をさまよっていましたが、祖師から授かった道法、『得道』は不老不死の極楽への切符である限り、当然死を超越《ちょうえつ》してとこしえに生き続けることがかなうの道です。それで「**天と寿を同じくする**」ことができると言ったわけです。

そうなれば自らの霊は「**水火既済**《すいかきせい》（**䷾**）**にして、百病生ぜず**」つまり『得道』前の霊は、天からこの世に下るには、火の気（霊）を冷たくして、水となってこの世に降ってきたわけですから、易ではこれを「**火水未済**《かすいみせい》（**䷿**）」といいます。

火水未済となるということは、火から水に変化したことを指しますから、元の姿に戻るには未だととのっていない、修養がなされていない、実力がない、身弱だという意味となりますから、その神の子を地上に降ろして修行を余儀なくさせたということになります。

そうして修行がなると、つまり道法『得道』を求めて授かると、天から下る折に「理」の字から天の一を抜かれて埋の字になって、余儀なくこの世で埋もれて暮らしていたものが、その一を取り戻したことから、再び元の理の字に戻るわけです。当然、**火水**は転倒してそして「**水火既済にして**」となることでもって、再び本性《ほんしょう》を取り戻して**火**となり、『既《すで》に済《すく》われた』となります。

従い、悟空の霊は神霊となったわけですから、お師匠様に対して「**百病生ぜず**」と言い返したというわけです。しかし本文頁に、

「ところが、これは常《つね》ならざる道でな、天地の創造《そうぞう》を奪《うば》い、日月のはたらきを侵《おか》すものだ。そのため、丹《たん》が成ったのちには、鬼神《きしん》が許しておかぬ。

そこで、容色《ようしょく》も衰《おとろ》えず年《とし》もとらぬとはいえ、五百年後には、天が雷の災いを降ろして、そなたを打つ。それゆえ、見性明心《けんしょうめいしん》して、あらかじめ避《さ》けねばならぬ。避けることがで

きれば、寿《よわい》、天と斉《ひと》しく、できなければ、たちまち命がなくなる。それから五百年たつと、天が火の災いを降ろして、そなたを焼きつくす。この火は天の火でもなく、並みの火ではなく、『陰火《いんか》』と呼ばれておる。これは涌泉穴《ようせんけつ》（足の裏の中心）から焼きはじめて、そのまま泥垣宮《でいえんきゅう》（幼児の頭のてっぺんのひよめき）まで焼きとおし、そこで五臓《ごぞう》は灰となり、四肢《しし》はみな朽《く》ち、千年の苦行をも夢まぼろしにしてしまう。それから五百年たつと、風の災いを降ろして、そなたを吹きちらす。この風は東南北西の風でもなく、和薫金朔《わくんきんさく》（春夏秋冬）の風でもなく、花柳《かりゅう》松竹《しょうちく》の風でもなく、『贔風《ひふう》』と呼ばれる。これは顖門《ひよめき》から六腑《ろっぷ》に吹き入って、丹田《たんでん》を過ぎ、九つの竅《あな》（眼・耳・鼻孔《びこう》・口・肛門《こうもん》・尿道《にょうどう》）を穿《うが》ち、骨と肉がばらばらになり、からだが解けてしまう。

それゆえ、これはみな避けねばならぬ」

と、お師匠様は悟空に警告しました。

「これは常ならざる道でな、天地の創造を奪い」とは、天地が創造したものを破壊《はかい》する、亡《ほろ》ぼすという意味で、そうなれば「日月のはたらきを侵すもの」、つまり日月の運行は止まり、時間が止まることを意味するところのものと考えれば、それは俗世《ぞくせ》に言われるところの末期すなわち人類滅亡、地球滅亡を予言していることになります。

従って文中に**五百年、五百年、五百年**と三つ言われるのは、それらを加えて千五百年と解釈すれば、三蔵法師の時代は西暦五百年末から六百年にかけての名僧ですから、その時代から数えて、つまり千五百年を加えるとほぼ西暦二千年頃となるかと考えられます。これまでこれとよく似た**末劫《まっきょう》予言《よげん》**はありましたが、「西遊記」の文中にもその予言が記されれていることには驚きです。

末劫予言には世に知れた「ノストラダムスの大予言」があります。

これは西暦一九九九年に人類滅亡の大災難があるとの予言でしたが、その実際は起きず、世に嘘《うそ》ごと偽《いつわ》りとして伏《ふ》されてしまいましたが、実際は回避《かいひ》されたということを、世の人々は知りません。

それは次の図の如く西暦二〇〇一年の年頭において暦《こよみ》が始まって以来の「一《いち》の揃《そろ》い踏《ぶ》み」、

◎二十一世紀　↓新世紀の始まり

西暦二千年の始まり →　日にちの始まり →　「子」は十二支の始まり →　陽遁《ようとん》の始まり →

2001年	1月1日	甲子《ね》	一白水星 ⇦

← 新年度の始まり　← 「甲《きのえ》」は十干《じっかん》の始まり　← 「一白《いっぱく》」は九星《きゅうせい》の始まり

つまり時のまわりを示す暦法《れきほう》に使用される種々のものが、一堂《いちどう》にそろったことです。

これは何を示しているかといえば、この世は西暦一九九九年をもって終わりを告げて、そして西暦二〇〇一年から新しい時代の夜明け、物事の始まり、新たな始まりが示唆されていたということになります。

従い周期《しゅうき》の異《こと》なるものがすべて『一』、すなわち始まりを示していますから「ノストラダムスの大預言」は当たってはいたが回避されたと見るほうが妥当です。

そしてもう一つ、古代マヤ文明における、地球滅亡、人類滅亡の説つまり予告が迫っています。

それは二〇一二年の十二月二十一日以後の暦がないということで、大地震などの大災害が起きるというものです。

実際はその時にならなければ分かりませんが、なぜか「西遊記」の本文にも末劫予言が語られているわけですから、真実味はあるかと思います。

老中（南無阿弥陀佛）様の「家郷信書《かきょうしんしょ》」にも大災難の恐れの様子が次のように生々しく語られています。

田地有れど都《すべ》て去尽《なくな》るを是《こ》れ怕《おそ》る。

（たとえ田や畑があるといえども、それらすべてはなくなってしまうことを恐れる）

大廈《たいか》有れども能《よ》く身《み》を安《やす》んぜざるを是れ怕る。

（大きな家や屋敷があっても身の安全は確保できなくなってしまうことを恐れる）

金銀あれども性命《いのち》を買い難《がた》きを是れ怕る。

（金銀の財宝があっても、それで命が買えなくなってしまうことを恐れる）

綾羅《りょうら》有れども身に穿《つく》る能《あた》わざるを是れ怕る。

(質のよい高価ない服があっても、着ることができなくなってしまうことを恐れる)

産業有れども享受《きょうじゅ》し能《あた》わざるを是れ怕る。

(産業があって、暮らしが潤っていたものが、できなくなってしまうことを恐れる)

土地有れども耕田《たがや》す能《あた》わざるを是れ怕る。

(土地があっても、田畑を耕すことができなくなってしまうことを恐れる)

恩と愛と老の到《いた》らざるを是れ怕る。

(家族や友人との恩愛や、年月を経て老いていくこともできなくなってしまうことを恐れる)

好《よ》き子孫《しそん》、一概《すべて》、分散《ぶんさん》するを是れ怕る。

(可愛い孫たちとも、家族とも、すべてバラバラとなってしまうことを恐れる)

百里の路、走る人少なきを是れ怕る。

(百里の路に走る人がまばらで、寂しくなってしまうことを恐れる)

一府県《いちふけん》に人烟《じんえん》の無《な》きを是れ怕る。

(空から一府県を見ても、食事を作るときの煙が見えないことを恐れる)

那《か》の人頭《じんとう》、瓜《うり》の鍋《なべ》に滾《たぎ》るに似《に》たるを是れ怕る。

(死人の頭と頭が鍋《なべ》の中で瓜《うり》を煮《に》るが如《ごと》く重《かさ》なり合う状況になることを恐れる)

那《か》の尸骨《しこつ》、高山《こうざん》の如《ごと》く、堆《うずたか》を是れ怕る。

（屍体《したい》と骨が高々と堆積《たいせき》され、山のように積まれるありさまになることを恐れる）

那《か》の時節《じせつ》に、道に進まんと想えども、道、那辺《いずこ》に在《あ》りや。

（大災難が襲ってきたとき、あわてて『道』を求めても、もうどこにもありません）

那の時節に、佛《ぶつ》を拝《おが》まんと想えども、香案無《てんだんな》し。

（大災難が襲ってきたとき、佛《ぶつ》を拝《おが》まんと思っても、すでに天壇はありません）

那の時節に、功《こう》を辧《つとめ》んと想えども銀銭《ぎんせん》、用《やくた》ず。

（大災難が襲ってきたとき、あわてて財でもって功を積もうとしても、役立ちません）

千《せん》たび過《あやまち》を改《あらた》め、万《まん》たび懺悔《ざんげ》するも、悔《くい》、已《すで》に晩《おそ》し。

（その時に、千たび、万たびと過ちを改めるからと懺悔しても、後悔跡を立たずで、すでに遅いのです）

日後《のちほど》に、功満《こうみ》ち果円《かみの》るに到《いた》れば、骨《ほね》を脱《だっ》し像《かたち》を換《か》え、蓮華《れんげ》を証《しょう》す。

（『得道』を授かり、その後修養して功徳が積まれて円満になれば、死後肉体から離脱した霊は、極楽に帰り、仙仏として蓮華の座に鎮座することになります）

以上の**老中**様の大災難の話と本文の三災の話と重ね合わせれば相通《あいつう》じるものがあります。その大災難から逃れるには、本文に

「それゆえ、見性明心して、あらかじめ避けねばならぬ。避けることができれば、寿、天と斉しく、できなければ、たちまち命がなくなる」

とあります。

すなわち大災難から逃れて無事を得るには「見性明心して」と、お師匠さまは悟空に明らかに示しています。つまり道法『得道』を授かって、「見性明心」は悟りを開くという意味ですから、一度悟りを開いておけば無事を得ますが、大災難が襲ってきたとき、悟りが開いているか否かで、その身の生死は決まってしまいます。

ということで、ここで本文前後しますが「**丹が成ったのちには、鬼神が許しておかぬ**」とあります。これは悟りが開かれて「**丹が**」つまり道法『得道』が、『道』を求める人々に満遍なく、「**成ったのちには**」つまり施された後には「鬼神」すなわち天は「許しておかぬ」と、それは陽の期から陰の期へ移る時運《じうん》が廻り、人類滅亡の大淘汰《だいとうた》が起きるという

意味となります。

本文に〜〜

聞いて悟空は身の毛がよだち、額《ひたい》を地べたにすりつけて、ひれ伏し、「お願いでございますから、なにとぞ哀《あわ》れと思し召し、三つの災を避《さ》ける工夫《くふう》を御伝授《ごでんじゅ》くださいませ。御恩は忘れはいたしませせぬ」と。

以上の事柄についての答、「三つの災を避《さ》ける工夫《くふう》」は、と問えば、その答えとして次の教化菩薩《きょうかぼさつ》様の御聖訓《ごせいくん》にあります。

一日に子午昼夜《しごちゅうや》の二端《にたん》有り。一元《いちげん》に子午《しご》二会《にかい》の天地開闢《てんちかいびゃく》有り。

(一日に昼夜、子刻〜午刻、午刻〜子刻までと区切られているように、大宇宙のめぐりにも、一元といって子の会〜午の会、午の会〜子の会といった天地を開いたり閉じたりする時運があります)

先《さき》に子より午の六万年の陽性物象時代《ようせいぶっしょうじだい》、後《あと》に午より子の六万年は陰性霊性時代《いんせいれいせいじだい》なり。

(子の会〜午の会までは陽性物象時代、後の午の会〜子の会までは陰性霊性時代という)

天地開闔《てんちかいこう》の間に霊性《れいせい》に二度の試《し》練《れん》期《き》あり。
(天地を開いたり閉じたりするこの間に、
人間霊性にとっては二度の試練を経験する
時期がある)
第一は性命降世期《せいめいこうせいき》。
第二は末劫《まっきょう》大淘汰期《だいとうたき》なり。
(一度目はこの世に性命を降ろした時、
二度目は末劫の大災難による、
人類万物の大淘汰が行われる時である)
今正に霊性時運《れいせいじうん》の夜明けにして、
(西暦二〇〇〇年代にあっては、
今まさに霊性の時代を迎えんとする、
新しい夜明けにして、それは、……)
大清算魔難《だいせいさんまなん》の時期なり。
(人類がカルマの大清算を受ける魔難の時期にあたります)

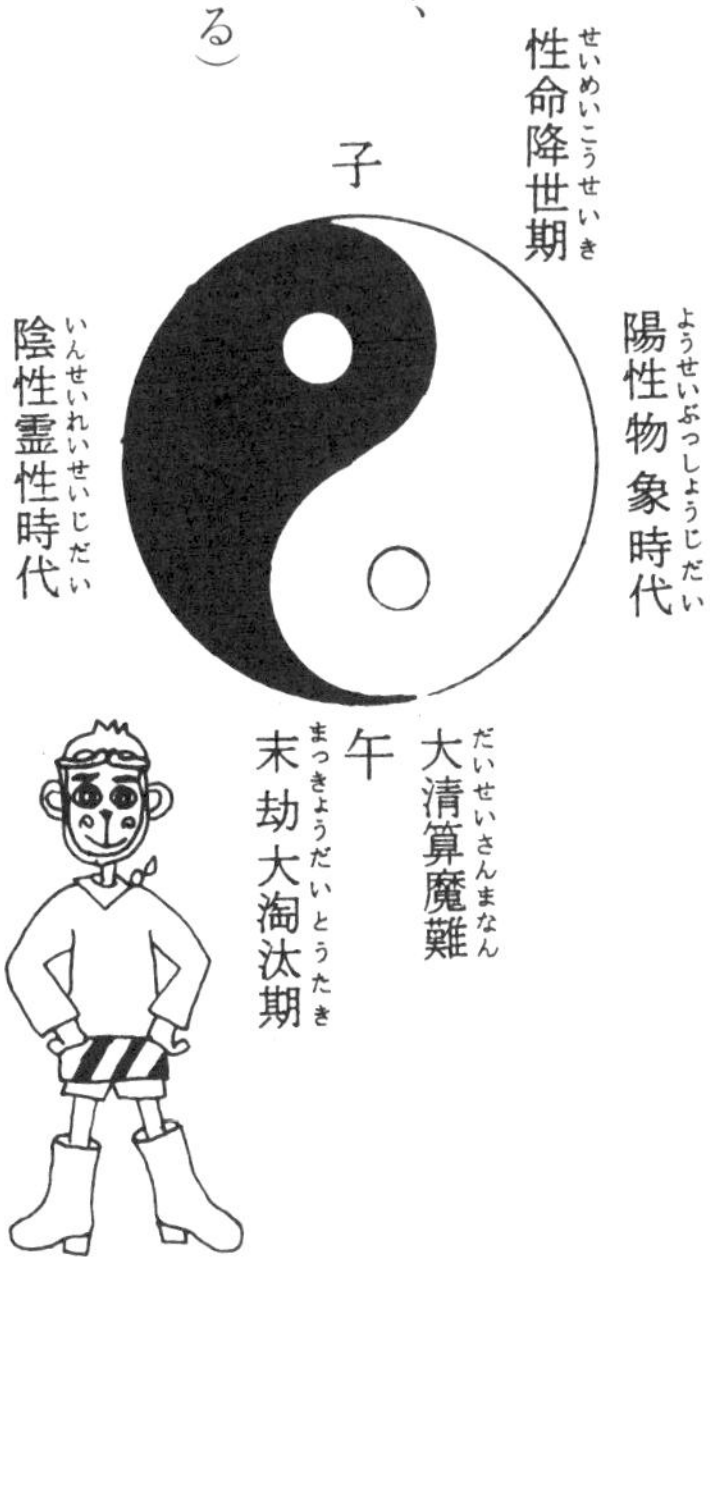

全衆生《ぜんしゅじょう》は降臨《こうりん》以来《いらい》の修練磨霊《しゅうれんまれい》の総点検《そうてんけん》を受けるものなり。

（すべて人々の霊根はこの世に降臨して以来の試練となりますが、これは霊根を磨くという修練のその結果を見るという、天からの総点検を受けるというものです）

誰ぞ此の難関《なんかん》を超克《ちょうこく》して成果《せいか》を賜《たま》うるや。

（誰が、この大災難といわれる難関を乗越えて、仙仏としての果位を賜れるだろうか）

之《これ》を逃れるは誰一人としてなし。

（この大淘汰の大災難から、誰一人として逃れる者はいません）

ただ法を求め、道を歩みし者のみ、

（ただ道法の『正法（得道）』を求めて、『道』を歩む者のみ）

次の世代、太平天然《たいへいてんねん》の霊光《れいこう》に浴《よく》するなり。

（大災難以後の霊性太平の代において、明師・天然古佛様の霊光をいただくことができます）

然《しか》し、寸刻《すんこく》に迫《せま》りし劫難《きょうなん》を前に道を得るとも、天に帰る者あり。

（大災難が起きる間近にあっても、道法の『正法（得道）』を授かれば、天に帰ることがかないます）

～～数行省く～～

すなわち、精神心霊《せいしんしんれい》が統一三昧《とういつざんまい》に至りて、無心無我《むしんむが》に入れば、劫難《きょうなん》（三災）起こりて襲《おそ》うとも、肉体地上《にくたいちじょう》に在るも、之《これ》を侵《おか》すこと能《あた》わず。

（すなわち道法の『正法（得道）』を授かれば神の霊となり、自然にして精神が統一三昧されますから、大災難を目前にしても無心無我に入れば、劫難（水火風の三災）が襲ってきても、その身は地上にあるといえども、決して傷つけるものではない。完全に守護するので心配ありません）

末劫發《まっきょうはっ》すれば、玄牝《げんぴ》（玄関）の聖門《せいもん》に心気《しんき》を集中《しゅうちゅう》すべし。

（ですから大災難、大淘汰といわれる末劫が来ても、霊の正門・玄関の聖門に気を集中して守玄しなさい）

されば忘我無体《ぼうがむたい》に入境《にゅうきょう》し、神人合一《しんじんごういつ》を体験《たいけん》す。劫難《きょうなん》身《み》に及《およ》ぶ能《あた》わず。

（恐れることなく気を集中して守玄すれば、自然と我を忘れて無の境地に入り、そして神との一体感を体験します。よって劫難は身に及ぶということはありません）

と諭されています。

法術について

〜〜〜〜〜〜〜〜〜〜〜〜〜「西遊記・第一巻」第二回本文に、

「ならまあよかろう、で、そなたはどれを学びたいのだ？　天罡数《てんごうすう》には三十六般《ばん》の変化《へんげ》（変身《へんしん》）があり、地煞数《ちさつすう》には七十二般の変化があるのだがな」

「私はたくさんの中からすくいとりたいと存じますので、地煞《ちさつ》の変化を学ぶことにいたします」

「では、もそっと寄るがよい。口訣《こうけつ》を伝授してとらせるから」そう言って耳に口を寄せると、小声でなにやら妙法《みょうほう》を授けました。悟空ときたら、一つを極めれば百を極める力のあるやつですから、そのとき口訣を教わると、自分で修練《しゅうれん》して、七十二般の変化を全部おぼえました。〜〜止

この「**天罡数三十六般の変化**（**変身**）と**地煞数七十二般の変化**」は、実は天罡三十六法《ほう》、地煞七十二術《じゅつ》のことで、「法術《ほうじゅつ》」と称されるものです。

悟空が変化《へんげ》自在《じざい》にして空を「觔斗雲《きんとうん》」で飛んだり、木や虫に化けたり、身の毛を取って大勢《おおせい》の化身《けしん》作り出したりするのは、すべて「**地煞数七十二般の変化**」の中の術によるもの

です。この術はあくまでも話の中のものと、お思いでしょうが、これら法術は古来では実際にあった話です。

しかし人心危《あや》うき、すなわち人心が穢《けが》れ始めた頃から、天がすべての「**天罡三十六法、地煞七十二術**」の法術を天界に収集して取り上げてしまったのです。

そのことにつきまして、済公活仏《さいこうかつぶつ》様の著書である『天道遊記《てんどうゆうき》』に載《の》っていますので、そのところを記述して研さんの共にしたいと思いますが、まず前もって知っておくべきことがあります。

それは『三清《さんせい》』のこと、つまり仏界・天堂の『理天』極楽の最高峰《さいこうほう》に居られます、玉清玄始天尊《ぎょくせいげんしてんそん》（最高神**老中**様すなわち南無阿弥陀）・上清霊宝天尊《じょうせいれいほうてんそん》・太清太上天尊《たいせいだじょうてんそん》（老子《ろうし》様）の三柱《みはしら》、玉清《ぎょくせい》・上清《じょうせい》・太清《たいせい》の三清のことですが、これは易に「一は二を生じ」とありますが、それは大三千世界の大宇宙を創造したその淵源《えんげん》は、玄始《げんし》の『一《いち》』ですが、その玄始・**老中**様から二清《にせい》が化《か》したという意味でもあります。

つまり『一』の玉清玄始天尊は二柱の上清霊宝天尊と太清太上天尊を生んだという意味で、三清は『理天』極楽における三位一体《さんみいったい》、すなわち『一』となり、それをもって天地を創造する源《みなもと》となっています。

玉清・上清・太清の三清は天清《てんせい》、地清《ちせい》、人清《じんせい》とも称して、無極《むきょく》、大極《たいきょく》、皇極《こうぎょく》を表し、そして玄始の大道『一』を世に顕《あらわ》したというわけです。

つまり神道《しんどう》に謂われる「天尊降臨《てんそんこうりん》」ということになります。

ゆえに大三千世界は大道の『一』、すなわち三清が生と化したものですから、易では「無極（玄始）が一動して大極（二清）が生じ、つまりその二儀（無極と大極）から三才（天地人）が、そして千万と、森羅万象万物が生じた」といわれ、これを「一理《いちり》は萬殊《ばんしゅ》に散《ち》る」と謂《い》われます。

その三清の上清霊宝天尊の説法を開示《かいじ》すれば、次の如くです。

（天堂遊記より）

済仏《さいぶつ》・・今日私は徒弟《とてい》をつれ「上清宮《じょうせいぐう》」に参りました。どうぞ天尊様より多く竅《きょう》（天機すなわち天の秘密など大事なところ）をお開きになられて、迷津《めいつ》（人々の迷い）を指《し》点《てん》（指し示す）されますようお願い申し上げます。

天尊・・今日、すでに上清の地に来られましたので、私はあなたに霊宝正法《れいほうしょうほう》を伝えます。私は三清の中に居て、道法の主掌者《しゅしょうしゃ》です。世間の法は**三十六天罡法**《てんごうほう》、**七十二地**《ち》**煞術**《さつじゅつ》を離れません。且《か》つ世上《せじょう》では已《すで》にすべてこの法術《ほうじゅつ》を得られる人はありません。

世道《せどう》の人心《じんしん》は陰険《いんけん》であるために、もし道法を得ても常に邪《じゃ》が入り行うので、未だに、天尊の戒規《かいき》を照《て》らせません。（天尊すなわち霊宝天尊の戒めを守り、規律に従い、正しく術を使用するものはいません）

太上《だじょう》の道徳を修め、霊宝の法術を行って世を救うため、今重ねて道を普度《ふど》しても法は重ねません。

（老子の道徳の教えや霊宝天尊の法術を使って『道』を世に知らしめて、そして人々を救うことはしても、再び法術は世にはおろしません）

法のある法術者《ほうじゅつしゃ》は、どんどん邪道《じゃどう》に入って往《ゆ》き、修心練性《しゅうしんれんせい》をしません。

（法を使う法術者は、邪道に心を迷わせてしまい、自ら心を養うことをしません）

世間に法術が伝えを失ったのは乃《すなわ》ち私が上清宮内に回収《かいしゅう》したものなのです。

（世に法術が伝えられなくなったのは、すなわちわたくしが上清宮に回収したからです）

三十六天罡《てんごう》、七十二地煞《ちさつ》はすなわち包羅無極《ほうらむきょく》の法です。

（三十六天罡、七十二地煞はすなわち三千世界を包み込む仏界・無極理天の法です）

～～省く～～

人心は古代のようではないので、道法は自滅《じめつ》しました。

（人の心は古代のように純真無垢ではないので、法術の道法は自然消滅しました）

心術《しんじゅつ》の不正者《ふせいしゃ》を恐れたからです。

（それは心を左右する術ですから、それを不正に使用する者を恐れたからです）

人を害するのに用いるからです。

（人を害することに用いるからです）

だから私は道法を回収して、別の「科学妙法《かがくみょうほう》」を降下《こうか》させたのです。

（だからわたくし霊宝天尊は道法を回収し、別の「科学妙法」を世に降ろしました）

すなわち科学技術をもって、道学《どうがく》の不足を補充《ほじゅう》するためです。〜〜以下省く〜〜

（すなわち今世にある科学の粋は『道』の不足を補い満たすためのものです）

以上、霊宝天尊の説法から、本文に言われる。

「**天罡数《てんごうすう》には三十六般の変化**（**変身**）**があり、地煞数《ちさつすう》には七十二般の変化があるのだがな**」

の話の仔細《しさい》を学んでいただければ幸いです。

ただし説法には言葉上、理解し難い箇所が多々あるかと思いますが、次の孫悟空とお師匠様との会話を比べていただければ、意味が鮮明となります。

一同との別れ

〜〜〜〜〜〜〜〜〜〜〜〜〜「西遊記・第一巻」第二回本文に、

それから悟空に、
「悟空こっちに来い。そなたは何を苦労して、松の木に化けたりするのだ？　この術は人前で見せびらかしてよいというものではないぞ。そなたにしても他人がこの術を心得ているのを知ったら、きっとその者から教わりたいと思うだろう。逆にそなたが心得ておるのを他人が知ったら、必ずそなたから教わりたいと思うだろう。そのとき、そなたが災難を恐れるなら、その者に伝授するほかはあるまい。伝授しなかったら、必ず害を加えられて、そなたの生命は保証できなくなるからな」
悟空は額《ひたい》を地べたにすりつけて
「お師匠様、なにとぞお許しくださいませ」
「わしは責めはせん。だが、そなたはここを出ていくことだ」〜〜省く〜〜
悟空はぜひもなくいとまを告げて一同と別れることにしました。祖師は
「そなたがここを去れば、きっとろくな者にならんだろう。そなたがどのような災厄を引

き起こし、乱暴をはたらこうと、決してわしの弟子だなぞと言ってはならぬぞ。もしひとことでもそのようなことを言おうものなら、わしにはすぐわかる。さすれば、そなたという猿めの皮を剥《は》がし、骨をへし折って、その魂《たましい》を九泉《きゅうせん》（地獄）の下に放逐《ほうちく》し、未来永劫《みらいえいごう》帰ることができぬようにしてくれるぞ」

言われて、悟空は

「決してお師匠様のことは申しませぬ。私が自分でおぼえたとだけ申します」

悟空はお礼を申し述べると、さっそく立ち去り、印《いん》を結びながらとんぼ返りをして觔斗雲を起こし、東勝《とうしょう》へと帰途《きと》に着きました。一時間もたたぬうちに、早くも花果山水簾洞《かかざんすいれんどう》が見えてきました。

〜〜省く〜〜本文に

「わしはむかしおぬしたちに別れてから、海に浮かぶ東洋の大海を経て、南瞻部州《なんたんぶしゅう》に着き、そこで人間になりすまして、この着物を着、この靴をはき、大威張りで、八、九年ものあいだ漫遊《まんゆう》したが、いっこうに道（さとりという道、つまり仙人になる道）は見つからない。そので、わしは、西洋の大海を渡って、西牛貨州《さいごけしゅう》に着き、長い間たずねまわった。そのうちに、さいわい、ひとりの老祖師《ろうそし》に出会い、天と寿《よわい》を同じくするという正真正銘《しょうしんしょうめい》の功果《こうか》（みごとな成果《せいか》）不老不死の大法門《だいほうもん》（教え）を授けてもらったのだ」
一同はお祝いを述べて
「それは未来永劫《みらいえいごう》とてもめぐりあえぬことでございます」～～省く～～

そして最後、本文に、

これなん、一姓《いっせい》を貫通《かんつう》すれば身《み》は本《もと》に帰《き》し
（身に道法『得道』を受ければ、身は即身成仏となり不老不死の『理天』極楽に帰る）
只栄達《ただえいたつ》して仙籙《せんろく》（仙籍《せんせき》）に名《な》ざさるを待《ま》つのみというところです。
（『理天』極楽に上り、神佛の法名を掲げられるを待つのみといったところです）

さて、これからどうなるか、この世界に居て、ゆくすえいかに？　それは次の回で。

第二回終わり

あとがき

一人でも多くの方々に天道の真理真伝を理解していただきたく著作いたしましたが、難しいという返事が返ってくることだろうと予測しています。しかしこれは致し方のないことで、古の聖人賢人が一生涯をかけて追い求めた真理真伝の極意が「西遊記」の物語の中に織り込まれているというところから、それを解き明かしていくことで、人間究極の境地、不老不死の極楽浄土・涅槃へ皆様の御霊をお連れすることができればと、願ってのことですから。

これまでは、極楽浄土・涅槃は艱難辛苦の行あっての者だけが、登れると信じられて伝えられてきました。それは事実確かですが、長い長い時の移り変わりの中に人間は四生六道輪廻を繰り返してそのつど艱難辛苦の苦労を重ねてきているので、もって天は、聖人の難行苦行と比して輪廻転生でのその苦労も、聖人と同じくその功徳は斉《ひと》しいものであると考えられて、道法『正法』の『得道』を下ろされました。

ですから聖人と同様の行をしなければ不老不死の極楽浄土涅槃へ帰れないと考えることはまことに愚かなことです。聖人が難行苦行をして追い求めた**極楽道**を、遠慮なく授けていただいて、そして不老不死の極楽浄土・涅槃へ帰れば、それでいいではありませんか。今それが許されるのですから。

極楽道の道法を授かれば、人生上に必ず襲ってくる数々の災厄のカルマは消されて因縁解脱がかないます。これを生きながらの『即身成仏』といいます。

そのようなことで、道法『正法』の『得道』を授かった方々からのお便りを一部紹介すれば、次の如くです。

◎孫は免疫力が弱く病弱でしたが、法を授かってからは次第に元気になり、今では近所の子らと野球をしたり、サッカーをしたりして元気にしています。家族一同『正法』を授かったこと、感謝しています。

◎何事にも忍耐辛抱してやってきましたが、うまくいき始めると、時として障害が立ちふさがり、挫折してしまいます。そのようなことが幾度も起きるので相談に伺いましたところ、それは因果関係だとお聞きしました。そして因果を解消する『得道』を勧められて授かりましたが、以後不思議とうまくはかどり、順調で安堵《あんど》しています。

◎精神的な病で、これまで苦労してきましたが、『得道』以後、薬に頼ることなく穏やかに過ごさせていただいています。家族もそれを見て『得道』してくれました。心がいまだ澄んでいませんし、欲がいまだ除かれていませんが、この後修養を重ねながら、さらに功徳を積んでご先祖様を救いたいと願っています。よろしくお願いいたします。

◎マヤ文明の大災難が言われていますが、『得道』を授かった折、あらゆる災難からその身を救うと教わりました。万が一、大災難が起きたとき、その災難から逃れることができるのでしょうか。確かに『得道』以後安堵感があり、精神的にも落ち着きましたが、一生に一度授かるだけでよいとのこと、それでいいのでしょうか。

◎九月三十日の夕刻、昨年霊の安楽を得る『得道』を授かった母（享年八十一歳）が亡くなりました。すい臓がんで入院していましたが、痛みもなく、苦しみもせず、ごく自然になくなりました。死後のその顔は若かった頃の美しい面影を思い出させてくれるほど若々しく、家族一同『得道』の実際を目の当たりにして感激しました。それに死後硬直がなく、着せ替えも容易で、係りの人も驚いていました。

◎『得道』を授かれば、その功果はこれまでの人生と比べれば自然と分かるといわれましたが、まこと不思議なことに、がんで目下、抗がん治療中ですが『得道』以後苦痛にあえいでいたものが、随分と楽になり、目に見えて良化していることがわかります。病院の先生には『得道』のことを知らせていませんが、不思議がっています。

◎私は先日◯◯さんに紹介されて『得道』を授かった者です。儀式においては大変お世話になりました。あれから不思議と、何かあった障害が取り除かれたようにスイスイと進んでいます。それになかなか当たらなかった市営住宅にまで当たってしまいました。母子家庭ですから大助かり。これまでなかった運ですから、これはやはり天道のおかげだと思います。

◎未病のうちに、生薬（漢方）で体全体のバランスを整えて、そして大病を未然に防いでおくと同じように人生を考えて、『得道』をいただいておくようにと勧められて授かりました。案の定でした。車が大破する事故に遭い、奇跡を味わいました。『得道』以後平穏に暮らしていましたが、人生何が起きるかもしれませんね。よかったです！

まだまだ数多くの知らせが舞い込んでいますが、一生に一度だけの『得道』を授かって、聖域に身を置くことによって自ら得るもの、感じるものがあります。

それは一生涯にわたって厄除けとなりますから、どこにいても、どのようなところにいても、神人一体、神仏は常にそばに居て見護るということにほかなりません。

老中（南無阿弥陀佛）様は天地宇宙、森羅万象万物を創造なさった神様ですから、なんら欲得はありません。神は慈しみこそすれ、わが子が『得道』を授かるに、その真心を求めるという意味から、金銭の多少は問わず「功徳費」と称してお志をいただきなさいと申されました。それは天道普伝のための諸費用に役立てて、その功徳はその得道者の徳としてお返ししなさいということでもって、以後一切、善意のお布施以外は強制的な負担は強いるものはありません。

道法を授ける『得道』儀式は、一応毎週日曜日午後一時から行っていますが、前もっての予約が必要です。なお、やむ得ない事情あっての『得道』儀式のお申し込みはこの限りではありません。ご相談ください。

『得道』は生後間もない赤ちゃんからお年寄りまで男女を問わず授かることができます。

天道は宗旨、宗派を越えた次元の『道』ですから、宗旨、宗派をお持ちでしたら『得道』を授かり、本来の宗旨、宗派にお戻りになって行をお続けくださっても、なんら差し支えはありません。『得道』を授かった方々は、以後ご自由にしていただいて結構です。『得道』を授かったからといって、決して規則戒律に縛られて不自由になることはありません。それとは逆に限りない性命、限りない光明が与えられます。

叩首

天道・幸慈会
郵便番号658—0072
神戸市東灘区岡本一丁目三番地十七号
パッセージ岡本四階
T・F　078—412—8987
高山京三

〈著者プロフィール〉

高山　京三（たかやま　けいぞう）

幸せを慈しむ会『天道・幸慈会』主宰
旺陽流推命学塾・佑命舎　正師範
理数易・宗家
推命学塾・佑命塾主宰

著書「人生をひらく秘密の宝もの」（たま出版）
「人から神へ　悟りの道」（たま出版）
「悪い因縁を切る　幸せの素」（たま出版）
「覚者が説く 本当の般若心経」（たま出版）

「西遊記」に見る天道〈1〉
極楽道《ごくらくどう》を取るか　地獄途《じごくみち》を取るか

2010年11月30日　初版第1刷発行

著　者　高山 京三
発行者　韮澤 潤一郎
発行所　株式会社 たま出版
〒160-0004 東京都新宿区四谷4－28－20
☎ 03-5369-3051（代表）
http://tamabook.com
振替　00130-5-94804

印刷所　神谷印刷株式会社

ⒸKeizo Takayama　2010 Printed in Japan
ISBN978-4-8127-0312-0　C0011